目指せ！合格！

家庭学習ガイド
淑徳小学校

入試情報

応募者数：男女 301名
出題形態：ペーパーテスト
面　　接：保護者・志願者
出題領域：ペーパー（記憶・数量・推理・図形・常識・絵画など）、
行動観察

入試対策

2023年度は、推薦入試は行動観察（集団）と面接（集団／親子）、一般入試はペーパーテストと行動観察（集団）、面接（親子）という内容で行われました。当校は、その教育方針や中学受験を含めた指導には定評があり、例年、募集人数の2倍を超える応募があります。ペーパーテストでは、特に難度の高い分野というものはありませんが、「指示をきちんと聞く」ということに重点が置かれている出題が目立ちます。また、事前のアンケート記入があります。記入した内容は、覚えておくようにするとよいでしょう。

●ペーパーテストは1問1ページの冊子形式です。回答時間は長めですが、すべてを解き終えたあとで見直すことはできません。問題を解き終えたら、すぐに見直しをする習慣を付けましょう。

●行動観察では、4～5人程度のグループでお店屋さんごっこが行われました。

●面接では、保護者に対して志望動機や教育方針、子どもへの接し方といった質問がありました。一般入試の受験者に対しては、「なぜ、第一志望なのに推薦の試験を受けないのか」という答えにくい質問もあったようです。また、志願者に対しても幼稚園について等多くの質問があったようですので、事前に準備は必須です。時間は10分程度です。

「淑徳小学校」過去の出題データ

〈合格のためのアドバイス〉

　仏教精神を情操教育の基盤とした教育を行っている当校では、創立以来、「真剣に学ぶ」ことが伝統にあり、共に助け合って、共に励む姿勢を大切にしています。
　確かな基礎学力を育むため、学習内容は、淑徳独自のカリキュラムを設けており、６年生では、始業前の確認ミニテスト、放課後や夏休みには希望者に補習を行うなど、中学受験にも対応できるよう取り組んでいます。
　英語教育は創立以来、ネイティブの先生を中心に行われています。
　また、学習以外でも春は遠足やスポーツ大会、夏には七夕集会や高原学園、秋には大運動会や演劇鑑賞会、そして冬にはスキー教室や音楽鑑賞会など１年を通してたくさんの楽しい行事も行われています。
　2023年度入学試験では、推薦入試は**行動観察・集団および親子面接**、一般入試は**保護者・志願者面接**、**ペーパーテスト**、**行動観察**が行われました。ペーパーテストでは、**お話の記憶**、**数量**、**観察思考（図形や推理）**、**生活常識**が出題されており、生活の中で一緒に考え、知識へ繋がるような取り組みが必要です。**行動観察**では、ゲームやジャンケン列車などの集団遊びが行われ、ふだんのお子さまの様子を観る出題となっています。
　淑徳の心・淑徳の子どもとして、「感謝の心で人のためにつくす子ども、教えや話をよく聞く子ども、物を大切に扱う子ども、挨拶がはっきりできる子ども」「いつくしみの心で友だちと仲良くできる子ども、あやまちを許し合う子ども、動物や植物を大切にする子ども」「創造する心でより優れた物を目指す子ども、理想を求めて努力する子ども、創意と工夫をこらし新しいものを作り出す子ども」を挙げており、入学試験では、その素地を観ていると言えるでしょう。
　公開授業や公開行事などに参加し、淑徳の子どもたちを間近に見ることで、当校が大切にしている教育姿勢に触れておくとよいでしょう。
　なお、学校から受験生に対して、以下の要望が出されています。「試験官の話をよく聞き、理解し、問題に取り組むことができるように（推薦・一般）」「基本的な生活習慣や生活常識が身についているように（推薦・一般）」「自分の名前は書けるように（ひらがなでよい）（一般）」「数は20ぐらいまでは数えられ，簡単なたし算とひき算がわかるように（一般）」などです。

〈2023年度選考〉

◆保護者・志願者面接（考査当日に実施／10分）
◆ペーパーテスト（20分）
　お話の記憶、数量、系列、常識など
◆行動観察
　集団遊び（お店屋さんごっこなど）

◇過去の応募状況

2023年度	男女	301名
2022年度	男女	207名
2021年度	男女	227名

入試のチェックポイント
◇受験番号は「願書提出順」
◇生まれ月の考慮…「なし」

〈本書掲載分以外の過去問題〉

◆数量：買い物をするため、必要なコインの数だけ○を書く。[2016年度]
◆記憶：絵を覚え、場所が入れ替わっている物を選んで○をつける。[2017年度]
◆常識：季節の行事や日常生活で使う道具として正しい物を選ぶ。[2015年度]
◆図形：上下の写真を見て、違うところを見つける。[2017年度]
◆推理：ひもでつなげた形を、輪にした時の正しい形を選ぶ。[2017年度]

目指せ！合格！

家庭学習ガイド
宝仙学園小学校

ペーパー　行動観察　運動　志願者面接　保護者面接

入試情報

応募者数：男子126名、女子98名
出題形態：ペーパー
面　　接：保護者面接・志願者面接
出題領域：ペーパー（推理、置換、記憶、図形、数量、ひらがな識字など）、行動観察、運動

入試対策

当校の入学試験は、推薦入試と一般入試があります。推薦入試は、知能指数が125以上で、園長または塾長の推薦を受けていることなどが出願条件となります。評価は、行動観察を重視しており、さらに保護者面接、素質検査（ペーパーテスト）、児童面接を行い、総合的に判断しています。素質検査の観点は３つあります。１つ目は、聞き取る力とそれを理解する能力である「指示理解」。２つ目は数を数える力である「数理」。３つ目として、ひらがなが読める力として「言語」。以上のことは、必ず身に付けましょう。日常生活におけるマナーを問う口頭試問の問題も出題されていますので、あらかじめ準備をしておくとよいでしょう。

●上記の「指示理解」「数理」では、指示の聞き取りと思考力が観点となっています。ふだん学習の際にも、指示をしっかり聞き取ったか、よく考えたかなどを、正解することと同じように評価してください。

●ひらがなを読む力は、すぐに身に付けることができません。早い時期から余裕を持って取り組み、簡単な絵本や言葉カードなどを使って、少しずつ正確に覚えるようにしていきましょう。

●実際の試験問題のイラストは、カラーです。

「宝仙学園小学校」について

〈合格のためのアドバイス〉

当校は「豊かな情操と高い学力」を目標に掲げ、仏教精神を基幹に情操豊かな人間形成を行っています。また、卒業児童のほとんどが国立・私立中学校を受験することから、中学受験に適応できる高い学力を育てています。

入学試験は一般入試と推薦入試があります。推薦入試では、当校が第1志望であること、知能指数が125以上であること、在籍する幼稚園・保育園などの園長から推薦を受けていることなどが出願の条件です。

一般入試では、保護者面接、素質検査（ペーパー）、行動観察、志願者面接が実施されました。保護者面接では、家庭の教育方針や学校への協力の意志を問われたようです。素質検査は、お話の記憶、言語、数量、図形などの分野から出題されました。まず、問題で指示されたことを確実に聞き取り、記憶し、理解する力が重要です。対策として、学習時だけでなく、お手伝いなど日常生活の中においても、聞く、理解する、それを確実に実行するということを、お子さまに意識させてください。当校の校章の三角形は「児童・保護者・教師」の三者が、よく結び付き、効果を高めることを意味しています。教育は学校だけでなく、保護者の協力が必要だという当校の教育の方針をよく理解して受験をしてください。

数量、図形の問題は、規則性の理解を問うような内容が出題されました。これらの問題には、実際の具体物を使用した学習で基礎基本を理解した上で、過去問題・類似問題などを繰り返し練習しておくとよいでしょう。また、言語分野ではひらがなを読めることが前提となっている問題があります。日常的に絵本などに触れる環境を作り、単に読み聞かせるだけでなく、文字についても一応の知識を身に付けるようにしましょう。

行動観察では、個々と集団、両方の観点からの課題が出題されました。児童面接では、元気よく挨拶することや、ていねいな言葉遣い、はきはきした話し方などが観点になりました。当校の入試では、志願者の行動が素質検査以上に重視される傾向があります。設問としての行動観察や面接だけでなく、入試会場に入った瞬間から行動のすべてが判断の材料となります。付け焼刃では対応できませんので、生活習慣として身に付けるよう努めてください。

〈2023年度選考〉

〈面接日〉
- ◆志願者面接（考査日に実施）
- ◆保護者面接（考査日に実施）

〈考査日〉
- ◆ペーパー（個別／約20分）
- ◆行動観察・運動（集団）：
  制作、絵画、模倣体操

◇過去の応募状況

2023年度	男子126名	女子 98名
2022年度	男子123名	女子 95名
2021年度	男子150名	女子139名

入試のチェックポイント

◇受験番号は「願書提出順」
◇生まれ月の考慮…「なし」

〈本書掲載分以外の過去問題〉

- ◆記憶：絵を覚え、その男の子の身に付けていた物を選んで○をつける。[2016年度]
- ◆図形：お手本と比べて、足りない線を描き足す。[2017年度]
- ◆推理：指示にしたがって、○×△の記号を置き換える。[2017年度]

淑徳小学校
宝仙学園小学校
過去問題集

〈はじめに〉

　現在、少子化が叫ばれているにもかかわらず、私立・国立小学校の入学試験には一定の応募者があります。入試は、ただやみくもに学習するだけでは成果を得ることはできません。志望校の過去における出題傾向を研究・把握した上で、練習を進めていくこと、試験までに志願者の不得意分野を克服していくことが必須条件です。そこで、本問題集は小学校を受験される方々に、志望校の出題傾向をより詳しく知って頂くために、出題頻度の高い問題を結集いたしました。最新のデータを含む精選された過去問題集で実力をお付けください。

　また、志望校の選択には弊社発行の「**2024年度版　首都圏・東日本　国立・私立小学校　進学のてびき**」をぜひ参考になさってください。

〈本書ご使用方法〉

◆出題者は出題前に一度問題を通読し、出題内容などを把握した上で、〈　準　備　〉の欄に表記してあるものを用意してから始めてください。

◆お子さまに絵の頁を渡し、出題者が問題文を読む形式で出題してください。問題を読んだ後で、絵の頁を渡す問題もありますのでご注意ください。

◆「**分野**」は、問題の分野を表しています。弊社の問題集の分野に対応していますので、復習の際の目安にお役立てください。

◆一部の描画や工作、常識等の問題については、解答が省略されているものがあります。お子さまの答えが成り立つか、出題者が各自でご判断ください。

◆〈　時　間　〉につきましては、目安とお考えください。

◆本文右端の［〇年度］は、問題の出題年度です。［2023年度］は、「2022年の秋に行われた2023年度入学志望者向けの考査で出題された問題」という意味です。

◆**学習のポイント**は、指導の際にご参考にしてください。

◆【**おすすめ問題集**】は各問題の基礎力養成や実力アップにご使用ください。

〈本書ご使用にあたっての注意点〉

◆文中に **この問題の絵は縦に使用してください。** と記載してある問題の絵は縦にしてお使いください。

◆〈　準　備　〉の欄で、クレヨン・クーピーペンと表記してある場合は12色程度のものを、画用紙と表記してある場合は白い画用紙をご用意ください。

◆文中に **この問題の絵はありません。** と記載してある問題には絵の頁がありませんので、ご注意ください。なお、問題の絵の右上にある番号が連番でなくても、中央下の頁番号が連番の場合は落丁ではありません。

　下記一覧表の●が付いている問題は絵がありません。

問題1	問題2	問題3	問題4	問題5	問題6	問題7	問題8	問題9	問題10
問題11	問題12	問題13	問題14	問題15	問題16	問題17	問題18	問題19	問題20
●	●								
問題21	問題22	問題23	問題24	問題25	問題26	問題27	問題28	問題29	問題30
			●	●					
問題31	問題32	問題33	問題34	問題35	問題36	問題37	問題38	問題39	問題40
問題41	問題42	問題43	問題44	問題45	問題46	問題47	問題48	問題49	
						●	●	●	

(得) 先輩ママたちの声！

◆実際に受験をされた方からのアドバイスです。
ぜひ参考にしてください。

淑徳小学校

・あまり難しい問題は出題されなかったようです。読み聞かせの継続と、早くから数をしっかり勉強しておくとよいと思います。

・公開授業に行かなかったのですが、後悔しました。説明会も大切ですが、実際の授業を見学した方が学校のことがよくわかると思います。

・面接は、保護者のどちらか１人でもよいということでしたが、２人で来校されている方が多いようでした。合否に関係はないと思いますが、父親の仕事に関しても質問されましたので、１人で行く方はしっかり準備して行かれるとよいと思います。

宝仙学園小学校

・質問には、ほとんど主人が答えていましたが、その後必ずと言ってよいほど、「お母さまはいかがですか」と聞かれました。夫婦間での意思疎通は絶対に必要だと思いました。

・面接では、願書などの提出書類に関することを細かく質問されましたが、和やかな雰囲気だったのでうまく答えることができました。

・学校の教育方針が明確で、それをストレートに説明してくださるので、説明会への参加はとても有意義に感じました。

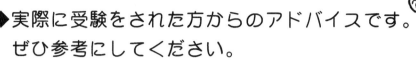

〈淑徳小学校〉

※問題を始める前に、本書冒頭の「本書ご使用方法」「本書ご使用にあたっての注意点」をご覧ください。
※本校の考査は鉛筆を使用します。間違えた場合は×で訂正し、正しい答えを書くよう指導してください。

保護者の方は、別紙の「家庭学習ガイド」「合格ためのアドバイス」を先にお読みください。当校の対策および学習を進めていく上で役立つ内容です。ぜひご覧ください。

2023年度の最新問題

問題1　分野：記憶（お話の記憶）

〈準備〉　クーピーペン（青色）

〈問題〉　お話をよく聞いて、後の質問に答えてください。

明日は動物村のお祭りです。クマさんは嬉しくてなかなか眠れません。お母さんに「早く寝ないと明日のお祭りは行けなくなりますよ。」と言われました。目が覚めると、とても良い天気です。クマさんは跳び起きました。お祭り広場にはたくさんの動物たちでとても賑やかです。トリさんたちは舞台で歌ったり、踊ったりしています。ウサギさんたちは、お祭り広場にお花を活けています。イヌさんたちは自分たちで育てた野菜を広場に運んでいます。サルさんたちは素敵な絵を飾ったりして、みんな一生懸命に頑張っています。クマさんが広場にやってきました。楽しんでいると、ライオンさんがやってきて「楽しんでいるかい」と声をかけてくれました。鳥さんたちはねじりはじまきをして笛を吹いています。こっちの方にはウサギさんたちが生けたお花が飾ってありました。広場はサルさんたちが飾った上手な絵でいっぱいです。集まってきた動物たちが話しています。「わた飴がおいしかったね。」「お面がいろいろあって見ていると面白かったね。」「「野菜のところに大きなカボチャがあったね。」「金魚すくいが楽しくて３回もやったよ。…」と聞こえてきました。たのしかったなー。」「トリさんたちのダンスや笛などもよかったね。」クマさんの耳には広場に来た動物たちのいろいろな話が聞こえてきました。家に帰ったクマさんは、楽しかったことを家族に話しました。

①左上の絵を見てください。お話の中で、絵を飾っていた動物に○を、クマさんに声をかけてくれた動物に△をつけてください。
②トリさんたちが持っていたものは何でしょうか。右上の絵に○をつけてください。
③広場で話していた大きな野菜とは、何でしょうか。左下の絵に○をつけてください。
④このお話に出てこなかった動物はどれでしょうか。右下の絵から探して○をつけてください。

〈時間〉　各30秒

〈解答〉　①○サル・△ライオン　②笛　③かぼちゃ　④ネコ

学習のポイント

お話の記憶の問題です。当校では、動物たちの交流を描いたお話が頻出されます。登場人物やお話の中の出来事などが多く、覚える内容が多いのが、当校のお話の記憶の特徴です。「誰が」「どこで」「何をした」といった内容を整理しながら聞く必要があります。このような、短文かつ、覚える内容の多い問題では、文章を丸暗記するよりも、場面を絵に描いたように想像しながら聞くと記憶に残りやすくなります。まずは、お子さまが興味を持つお話で、お話を聞くことの楽しさ、集中力を養いましょう。どういう情景を思い浮かべたか、何が出てきたかなどを確認しながら進めていくとよいでしょう。「お話を聞く」ことに慣れてきたら、「今までより長いお話」「場面転換の多いお話」「今までよりも登場人物の多いお話」に徐々に移していきましょう。お話の場面をイメージする力を養うという意味では、お話の続きを予想させたり、お話の絵を描かせたりするのも、効果的な学習になります。

【おすすめ問題集】

1話5分の読み聞かせお話集①②、　お話の記憶 初級編・中級編、
Ｊｒ・ウォッチャー19「お話の記憶」

問題2　分野：記憶（見る記憶）

〈準備〉　クーピーペン（青色）

〈問題〉　この絵をよく見て覚えてください。
（20秒間見せたら2－2の絵と取り換える）
今見た絵の中で男の子が使っていたものや、身に着けていたものに○を付けてください。

〈時間〉　15秒

〈解答〉　① 真ん中　②左端　③右端

学習のポイント

当校の入学試験では例年、見る記憶の問題が出題されています。対策を怠らないようにしましょう。このような問題では、覚える時の目の配り方がポイントになります。本問の場合、「男の子」「ほうき」「落ち葉」「ちりとり」が描かれています。まずはこのようにして、絵の中に何が描かれているか、全体像を把握しましょう。つぎに、「男の子は白いシャツに黒い半ズボン」「ほうきは天然素材でできている」のように、それぞれの特徴を見ていきます。最後に、特徴をつかんだ上で、もう一度全体を見回し、しっかりと印象付けをします。この全体→細部→全体という目配りの考え方は、ほかにも間違い探しやランダムに配置されたなから特定のものを数える問題などに応用できます。類題とともに、そうした分野の問題も合わせて学習することで、幅広い分野へ対応する力を養うとよいでしょう。

【おすすめ問題集】

Ｊｒ・ウォッチャー20「見る記憶・聴く記憶」

問題3　分野：記憶（聞く記憶）

〈準備〉　クーピーペン（青色）

〈問題〉　（問題2の絵を伏せる）
お話をよく聞いて、問題に答えてください。
男の子はミカン、ブドウ、イチゴ、メロンを食べました。女の子はバナナ、イチゴ、リンゴを食べました。
（問題2の絵をわたす）
男の子と女の子が食べたものに○をつけてください。

〈時間〉　20秒

〈解答〉　○ イチゴ

学習のポイント

聞く記憶の問題です。前問の見る記憶についてもそうですが、記憶する力は一朝一夕では身につきません。単純な絵や図形、お子さまが関心を持っている分野の絵などから始め、少しずつ練習していきましょう。はじめのうちは、時間がかかっても完全に覚えることを目指し、時間制限はある程度慣れてから設けるとよいでしょう。全体をおおまかに捉えてから細部を見ていく方法や、描かれているものをすべて言葉にするなど、さまざまな方法を試しながら、覚えやすい方法を探していってください。

【おすすめ問題集】
Ｊｒ・ウォッチャー20「見る記憶・聴く記憶」

問題4　分野：数量（数える・減数）

〈準備〉　クーピーペン（青色）

〈問題〉　①上の絵を見てください。クマと、サルとリスの数を数え、その数だけ右側の四角に○を書いてください。
②真ん中の絵を見てください。ケーキを７個もらいました。そのうち２個食べました。ケーキはいくつ残っていますか。その数だけ右側の四角に○を書いてください。
③下の絵を見てください。バナナがここに10本あります。これを3人で2本ずつ分けると、バナナはいくつ残りますか。その数だけ右側の四角に○を書いてください。

〈時間〉　各30秒

〈解答〉　①クマ9、サル5、リス7　②-5　③-4

学習のポイント

本問を解くにあたり、単純に数えることができるだけでなく、数を減らす、分けることもできている必要があります。小問ごとに指示が変わる場合もありますので、先生の説明をよく聞いてから取り組むようにしてください。数量の問題では、問題を最後まで聞かずに、思い込みで指示と違うことを答えてしまう失敗が多いです。ふだんから、数える、増やす、減らすなどの分野別練習だけでなく、問題ごとに指示を聞きとってから答える練習をしていくと良いでしょう。

【おすすめ問題集】

Ｊｒ・ウォッチャー14「数える」、42「一対多の対応」、43「数のやりとり」

問題5　分野：数量（比較）

〈準備〉　クーピーペン（青色）

〈問題〉　①左上を見てください。2つのコップに水が入っています。どちらのコップの水が多いでしょうか。多い方の上の四角に○を書いてください。
②左下を見てください。上の水筒に、下にあるコップの水を入れました。どちらの水筒の水が多いでしょうか。多い方の上の四角に○を書いてください。
③右上を見てください。どのひもが1番長いでしょうか。1番長いひもの上の四角に○を書いてください。
④右下を見てください。どのひもが1番長いでしょうか。1番長いひもの左の四角に○を書いてください。

〈時間〉　30秒

〈解答〉　①右　②左　③左端　④上

学習のポイント

このような問題では、比較するための基準となるものを探すとよいでしょう。設問①であれば、水の高さ、コップの大きさを基準とし、「水の高さが同じなので大きい方が水の量が多い」というように、きちんと理論立てて考えましょう。複数のものを比較して共通点、相違点を抽出することや、何か別の共通のものに置き換えて比較することは、ものを考えていくうえで基本となります。

【おすすめ問題集】

Ｊｒ・ウォッチャー15「比較」、58「比較②」

問題6　分野：数量（系列）

〈準備〉　クーピーペン（青色）

〈問題〉　いろいろな形がお約束にそって並んでいます。？のところには下のどの形が入るでしょうか。その形に○を付けてください。

〈時間〉　各30秒

〈解答〉　①右から２番目　②右から２番目

学習のポイント

系列の問題では、どのようなお約束でものが並んでいるかを前後のパターンから推理し、空所に入るものを考える必要があります。しっかり考えて、お約束を探すようにしてください。本問の場合①では、後半部分を見ると、○－×－◎－△の順番に並んでいることがわかります。②ではは、中の黒い模様が、時計回りに１つずつ移っています。系列の問題の中では、標準的な難易度の問題です。落ち着いて回答するようにしましょう。また、系列の問題では、他にも様々なパターンのお約束が考えられます。類題を反復して練習するようにしましょう。

【おすすめ問題集】
Ｊｒ・ウォッチャー６「系列」

問題7　分野：推理

〈準備〉　クーピーペン（青色）

〈問題〉　右の物を使って左の絵を作ります。右のピースにいらないものがありますが、そのピースはどれでしょうか。右の絵に○をつけてください。

〈時間〉　各30秒

〈解答〉　下図参照

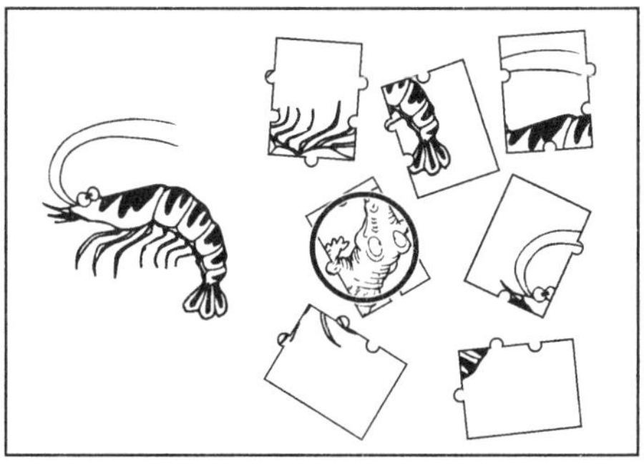

学習のポイント

注意力・観察力を問う問題です。元の絵と、各ピースの絵と形状を見比べ、答えを探しましょう。パズルで遊んだ経験が豊富であれば、そうでない場合よりスムーズに解くことができるでしょう。パズルは、多くの幼児が好む遊びの１つですが、想像力、集中力、思考力、巧緻性などさまざまな能力が鍛えられることが知られています。日常の遊びの中に積極的に取り入れるとよいでしょう。お子さまの様子を見ながら適切な難度のものを与え、基本的にはお子さまの好きなように遊ばせましょう。うまくいかない場合には、「尻尾が描かれているから、このピースは右の方にくるね」「顔が描かれているから、このピースの向きはこうじゃない？」などと考え方を説明しながら、手伝ってあげるとよいでしょう。

【おすすめ問題集】

Ｊｒ・ウォッチャー４「同図形探し」、５「回転・展開」、45「図形分割」

問題８　分野：常識（季節）

〈準備〉　クーピーペン（青色）

〈問題〉　上と下の絵で仲良しどおしの絵を線で結んでください。

〈時間〉　15秒

〈解答〉　①－柏餅　②－年越しそば　③－ちとせあめ　④－スイカ

学習のポイント

このような常識の問題は、日常の中での実体験を通して自然に身に付けていくのが理想的です。実際に同じ場面を体験したことがあるお子さまにとっては、答えは一目瞭然でしょう。机上の学習だけで得た知識は、どうしても理解が表面的なものになりがちで、何かと関連付けたり、別の枠組で捉えたりというように、応用することがなかなかできません。たくさんの体験の場をお子さまに用意し、さまざまなことを学んでいけるようにしてください。また、常識の問題では、季節に関する知識や、理科的な知識、公共の場でのマナー、交通ルール、安全や衛生に関する知識など、広い範囲から知識が問われます。図鑑や絵本などを用いて、日常生活の中では得られない知識も身に付けておくとよいでしょう。

【おすすめ問題集】

Ｊｒ・ウォッチャー11「いろいろな仲間」、13「時間の流れ」、34「季節」

問題9　分野：常識（生活常識）

〈準 備〉　折り紙６枚、つぼのり、トレイ、のり台紙、ウェットティッシュ、袋

〈問 題〉　①の絵を見てください。明日は遠足です。何を履いていくのがよいでしょうか。その絵に○をつけてください。
②真ん中の絵を見てください。ジュースをこぼしてしまいました。どれを使えばよいでしょうか。その絵に○を付けてください。
③１番下の絵を見てください。みそ汁を入れようと思います。どれに入れたらよいでしょうか。その絵に○を付けてください。

〈時 間〉　10秒

〈解 答〉　①左から２番目　②左端　③左から２番目

学習のポイント

当校では、日常生活のなかで、どのような知識を身に付けているのかが観られます。机上の学習はもちろん、生活上の知識や知恵を身に付け、さまざまなことに興味や関心が持てるように、体験の機会を積極的に作ってください。

【おすすめ問題集】
Ｊｒ・ウォッチャー12「日常生活

問題10　分野：常識（理科）・言語

〈準 備〉　クーピーペン（青色）

〈問 題〉　①この絵の中で卵から生まれるものを1つ探して○を付けてください。
②ここに描いてある生き物全部でしりとりをしましょう。その時に４番目にくる生き物に×を付けてください。イルカから始めます。

〈時 間〉　45秒

〈解 答〉　①バッタ　②タヌキ

学習のポイント

この中で卵生の生き物は昆虫のバッタだけです。他の生き物は全部胎生です。この問題をきっかけに、卵生か胎生かお子さんの知識を確かめてみましょう。しりとりで４番目の生き物に×を付ける問題ですが、途中まで問題文を聞いただけで解答するような、早合点をしないようにしましょう。「問題文を最後まで聞くこと」は、小学校受験においては基礎的な内容です。普段から意識して取り組むようにしましょう。

【おすすめ問題集】
Ｊｒ・ウォッチャー27「理科」、49「しりとり」、55「理科②」

問題11　分野：行動観察

〈準　備〉　動物のカード4枚、乗り物のカード４枚、花のカード４枚、果物のカード４枚、模造紙と模造紙の真ん中に箱を置き、カード１６枚を入れておく、４人ができるような机

〈問　題〉　**この問題の絵はありません。**
今から１～４までの番号を教えます。番号順に机のところに立ってください。机の物には触らないでください。カードを言われたところに置きます。
・１の人は飛行機を△のところに置いてください。
・２の人はサクランボを○のところに置いてください。
・３の人はヒマワリを□のところに置いてください。
・４の人はパンダを×のところに置いてください。
・４の人はブドウを△のところに置いてください。
・３の人はヨットを○のところに置いてください
・２の人はチューリップを□に置いてください。
・１の人はシカを×のところに置いてください。
・次はカードをみんなで箱の中に片づけてください。

説明を聞いて、指示に従ってください。
○にはお花の仲間のカードを置きます。×には乗り物の仲間、△には動物の仲間、□には果物の仲間をみんなで協力して置いてください。
片づけが終わったら手を挙げて教えてください。鳥に行きます。

〈時　間〉　15秒

〈解　答〉　省略

学習のポイント

この行動観察では、説明をしっかり聞いているか、指示通りの行動ができているか、切り替えはできているか、お友だちと協力できているか、このことを主に観察されています。この４つの観点だけでなく、指示されたときのカードの置き方や片づけるときのカードの置き方はもちろん、立って作業をやるわけですので、やっているときの姿勢、次の指示があるまでの姿勢、終わってからの行動なども細かく観られていることを忘れないように指導してください。

【おすすめ問題集】
Ｊｒ・ウォッチャー25「生活巧緻性」、29「行動観察」

家庭学習のコツ①　「先輩ママのアドバイス」を読みましょう！

本書冒頭の「先輩ママのアドバイス」には、実際に試験を経験された方の貴重なお話が掲載されています。対策学習への取り組み方だけでなく、試験場の雰囲気や会場での過ごし方、お子さまの健康管理、家庭学習の方法など、さまざまなことがらについてのアドバイスもあります。先輩ママの体験談、アドバイスに学び、ステップアップを図りましょう！

問題12　分野：面接

〈準備〉　なし

〈問題〉　**この問題の絵はありません。**

父親へ
・お子さんが成長したと感じるのはどのような時ですか。
・学校の体験授業に参加されましたか。感想をお聞かせください。
・どの様なお仕事をされていますか。
・お休みの日はお子さんとどのようにかかわっておいでですか。

母親へ
・お子様の良い所を教えてください・
・園での様子はお子さんから話されますか、それともお母さんから聞き出されますか。
・当校へはどのようなことを期待しておいでですか。
・緊急時の迎えはおいでになれますか。
・お子さんの健康についてお聞かせください

お子さまへ
・お名前と、お誕生日を教えてください。
・（幼稚園、保育園）園の名前と担任の先生のお名前を教えてください。
・お友達のお名前を教えてください。
・お休みの日はお父さんとどんなことをして遊びますか。

〈時間〉　8分

〈解答〉　省略

学習のポイント

どの様な面接でも正解はありません。事前に質問を想定して打ち合わせをしたところで、保護者同志は打ち合わせどおり運ぶでしょうが、お子さんはそうはいきません。このようなことを考えますと、日ごろの生活がいかに重要かが分かります。学校の教育目標や、特徴など学校に関することは事前に目を通しておきましょう。

【おすすめ問題集】
新 小学校面接Q＆A、面接テスト問題集、保護者のための入試面接最強マニュアル

家庭学習のコツ②　「家庭学習ガイド」はママの味方！

問題演習を始める前に、試験の概要をまとめた「家庭学習ガイド（本書カラーページに掲載）」を読みましょう。「家庭学習ガイド」には、応募者数や試験課目の詳細のほか、学習を進める上で重要な情報が掲載されています。それらの情報で入試の傾向をつかみ、学習の方針を立ててから、対策学習を始めてください。

2022年度の過去問題

問題13　分野：記憶（お話の記憶）

〈準備〉　クーピーペン（黒または赤）

〈問題〉　（問題の絵はお話を読み終わってから渡す。）
お話をよく聞いて、後の質問に答えてください。

池のほとりで、アヒルさんとカメさんとカバさんが、池の中の島へ行って遊ぶ相談をしていました。そこへ、リスさんが遊びに来ました。リスさんもみんなと一緒に島へ行きたくなりました。そこで、「僕も一緒に連れて行ってね。」と、みんなに頼みました。「リスさんは、泳げないからだめ。」と、みんなが言いました。そして、みんなは池に入ると、島の方へ泳いで行ってしまいました。リスさんは、一人ぼっちになってしまったので、家へ帰りました。みんなは、島に着きました。島には、滑り台とブランコがありました。しかし、遊んでいても、少しも楽しくありません。「やっぱり、リスさんがいた方がいいね。」「でも、リスさんは泳げないからな。」と、カバさんとアヒルさんが言いました。カメさんは、しばらくしてから「うん、いい考えがある。」と言いました。次の日、リスさんが、池のほとりへ行ってみると、みんなが遊んでいました。「リスさん、昨日は、ごめんね。」「今日は、リスさんも一緒に島に行こうよ。」と、カバさんとアヒルさんが言いました。カメさんは、「リスさんリスさん、僕の背中に乗りなよ。」と、声を掛けました。リスさんはニコニコしながら、カメさんの背中に乗りました。カメさんの背中に乗ったリスさんを囲んで、みんなは、島へ行きました。

①池のほとりで遊ぶ相談をしていたのは、カメさんとカバさんと誰ですか。選んで○をつけてください。
②「うん、いい考えがある。」と言ったのは、誰ですか。選んで○をつけてください。
③「リスさん、昨日はごめんね。」「今日は、リスさんも一緒に島へ行こうよ。」と言ってくれたのは、アヒルさんと誰ですか。選んで○をつけてください。
④島にある遊具はどれですか。２つ選んで○をつけてください。
⑤お話に出てこないのは、誰ですか。選んで○をつけてください。

〈時間〉　①②③⑤各10秒、④15秒

〈解答〉　①アヒル　②カメ　③カバ　④ブランコ、滑り台　⑤ワニ

［2022年度出題］

学習のポイント

解答する前に、物語の内容やお話に出てきた動物、それぞれの動物の発言についてどう思うか、お子さまに聞いてみましょう。その後に解答していく方法が、まずは良いと思います。言葉に出すことによって、記憶の仕方や思考をまとめる訓練になります。文章はさほど長くないので、試験直前の取り組みであれば、全問正解をしたいところです。実は、４問の中に、登場した動物の名前が全て出てきています。勘の良いお子さまであれば、うらしまたろうのお話との類似部分を感じとり、話の展開を容易に理解できたと思います。読み聞かせを多く行うと同時に、その内容をお子さまに話してもらうことをお勧めします。

【おすすめ問題集】
１話５分のお話の読み聞かせ①②、
Ｊｒ・ウォッチャー19「お話の記憶」、20「見る記憶・聴く記憶」

問題14　分野：記憶（見る記憶）

〈準 備〉　クーピーペン（黒または赤）

〈問 題〉　この絵を見て覚えてください。（14-1の絵を見せる、20秒）
14-2の紙を表にしてください。いま見た絵にいなかった魚は、どれですか。選んで○をつけてください。

〈時 間〉　10秒

〈解 答〉　下図参照

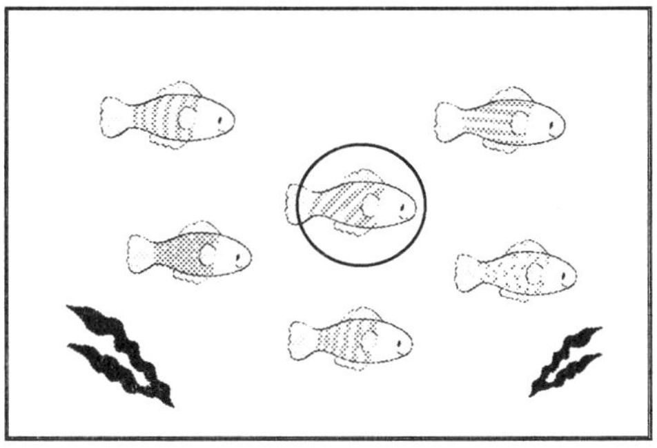

［2022年度出題］

学習のポイント

見色々な模様のサカナがいるので、これを覚えることは容易ではありません。また、解答欄は、サカナの位置が記憶したものと違っています。落ち着いて、目に焼き付けたものを思い出してみると、一匹だけ無かった模様のサカナが見えてきます。記憶する際は、サカナの模様を頭の中で左上から「○縦横○縦横」と唱え、目で色や波形を覚えます。頭で系列を記憶すること、目で画像を記憶すること、これらにはどうしても集中力が必要です。何事も投げ出さず、一生懸命物事に向き合う力は、やはり、保護者の方から褒めてもらった経験・体験により、お子さまに自信が生まれ、自然と身についていくものです。

【おすすめ問題集】
Ｊｒ・ウォッチャー20「見る記憶・聴く記憶」

問題15　分野：記憶（見る記憶）

〈準 備〉　クーピーペン（黒または赤）

〈問 題〉　この絵を見て覚えてください。
（15-1の絵を見せる、15秒）
15-2の紙を表にしてください。黒い○があったところを塗ってください。

〈時 間〉　30秒

〈解 答〉　省略

［2022年度出題］

学習のポイント

この記憶問題は、先の問題２よりは解答しやすい問題のようですが、ランダムに並ぶ白い○を見ると、位置関係があやふやになりやすいものです。●の位置と、○との位置関係をどのように覚えていくかがカギになります。機械的に位置関係を覚える練習だけをするのではなく、どのような形に見えたか、と言った具体的なものごとに当てはめた記憶の練習も効果的でしょう。いろいろな発想をうまく使いこなせるようになると、この分野の問題はかなり有利に覚えることができます。提示された問題に対して、自分の知識・発想を上手に使っていけるかということも、問題を解く際のポイントになります。

【おすすめ問題集】

Ｊｒ・ウォッチャー20「見る記憶・聴く記憶」

問題16　分野：数量（数える）

〈準備〉　クーピーペン（黒または赤）

〈問題〉　クマとゾウとウサギがいます。それぞれ何匹いるかを数えて、その数だけ下の四角にその数だけ○を書いてください。

〈時間〉　１分

〈解答〉　クマ：○が７つ　ゾウ：○が４つ　ウサギ：○が９つ

［2022年度出題］

学習のポイント

種類別に数を数える、基本的な問題です。このような問題は、絵はばらばらに配置されていると思いますので、消し込みをしないと、大人でも間違えるかもしれません。ただ、消し込みの際に大きく印付けをしてしまうと、後の問題を解く際に、その印が邪魔をして数えにくくなることもあります。消し込みの印を大きくつけることは、できれば避けたいです。また、単純な数量問題なので、左上から下への縦か、左上から右への横で数えていくか、そのルールを、それぞれのお子さまの特徴により決め、数え忘れやダブルカウントの無いように、確実に正解していきたい分野です。

【おすすめ問題集】

Ｊｒ・ウォッチャー14「数える」、37「選んで数える」

家庭学習のコツ③　効果的な学習方法～問題集を通読する

過去問題集を始めるにあたり、いきなり問題に取り組んではいませんか？　それでは本書を有効活用しているとは言えません。まず、保護者の方が、すべてを一通り読み、当校の傾向、ポイント、問題のアドバイスを頭に入れてください。そうすることにより、保護者の方の指導力がアップします。また、日常生活のさまざまなことから、保護者の方自身が「作問」することができるようになっていきます。

問題17　分野：数量（数のやりとり）

〈準　備〉　クーピーペン（黒または赤）

〈問　題〉　①上の絵を見てください。今、イチゴを５つ持っています。弟に３つあげたあと、お母さんに４つもらいました。イチゴは、いくつになりましたか。その数だけ、右の四角に○を書いてください。
②下の絵を見てください。綱登りをしています。みんな一番下からスタートしました。一番多く結び目を登った動物に○をつけてください。

〈時　間〉　①10秒、②20秒

〈解　答〉　上：○が６つ　下：左から２番目（ネコ）

［2022年度出題］

学習のポイント

上の問題は、数の操作があります。試験では、手は膝に置いたまま問題を聞いているので、問題を聞きながら、膝の上の指を動かし、数の操作をすると良いでしょう。たし算・ひき算は、何度も具体物を使って、確認していきましょう。下の問題は、綱登りをすることのイメージがつかないと、単純に高い位置にいる動物が一番だと思ってしまうかもしれません。長さがバラバラですが、問題では「いちばん多く結び目を登った動物」と聞かれているので、結び目を下からきちんと数え、いくつ結び目を超えたかを考えていきます。結び目は、どの綱も一番下から数えることを間違えないようにしましょう。

【おすすめ問題集】
Ｊｒ・ウォッチャー14「数える」、15「比較」、38「たし算・ひき算１」・39「たし算・ひき算２」、43「数のやりとり」

問題18　分野：観察力（観察思考）

〈準　備〉　クーピーペン（黒または赤）

〈問　題〉　四角の中の絵を見てください。３つの絵が重なっています。３つとも重なっているところに○をつけてください。

〈時　間〉　30秒

〈解　答〉　下図参照

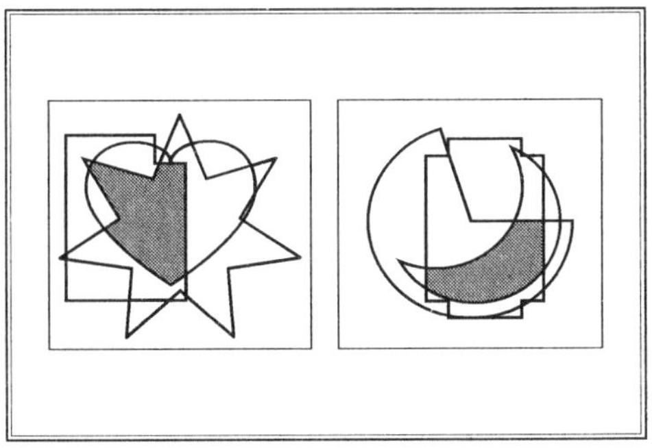

［2022年度出題］

学習のポイント

この問題は、複雑な形なので、難しい問題のひとつです。形の外側からひとつずつ指で、３つとも重なっている部分を確認していきましょう。初めは、色の三原色である赤・青・黄色のクーピーペンで、ひとつひとつの形を薄く塗ってみて、３色すべてが混ざり合ったところが、３つの形の重なっているところであることを、実体験し、目で確認してください。ただ、ここで終わらせることなく、どのように考えるのかを、お子さまと一緒に考える必要があります。試験では、色の塗り分けはできないので、この仕組みを探ることが重要です。２つだけ重なっているところと、３つ重なっているところの違いを、しっかりと見極める必要があります。

【おすすめ問題集】

Ｊｒ・ウォッチャー35「重ね図形」

問題19　分野：観察力・記憶（観察思考・お話の記憶）

〈準備〉　クーピーペン（黒または赤）

〈問題〉　今からお約束を言います。○を△に変えます。△を□に変えます。□を○に変えます。このお約束を守って、左のマス目に描いてある形を、右のマス目の同じ場所に描いてください。２つともやります。

〈時間〉　20秒

〈解答〉　下図参照

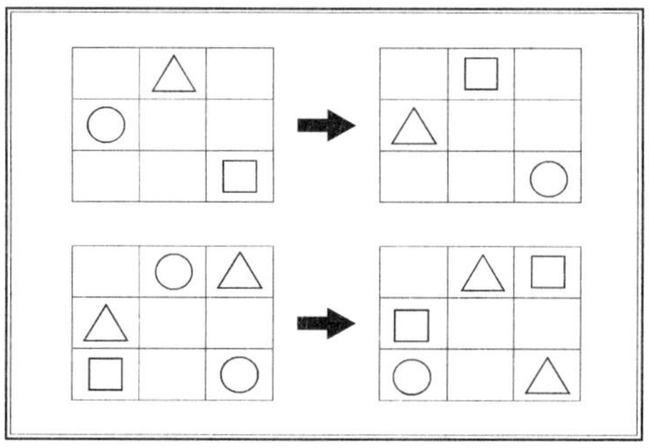

［2022年度出題］

学習のポイント

お話を聞いて、それぞれの形がどう変わるかを記憶しておかないと解答できません。右のマスに、左の見本と同じように、形を書き写すのではないことを、お子さまは理解できていましたか。ここが理解できていない場合は、説明をしっかり聞きとる練習をしましょう。問題の理解はできていても、変化する形の記憶が追いつかなった場合は、耳で聴き取り、その記憶の保持をする力をつけていきます。○→△、△→□、□→○、３つの形だけなので、□は○に戻るという、意外と簡単な法則にピンとくるかもしれません。

【おすすめ問題集】

Ｊｒ・ウォッチャー２「座標」、６「系列」、57「置き換え」

問題20　分野：観察力（迷路）

〈準備〉　クーピーペン（黒または赤）

〈問題〉　男の子がケーキを取りに行きます。ケーキを取ることができる男の子全員に、○をつけてください。

〈時間〉　45秒

〈解答〉　下図参照

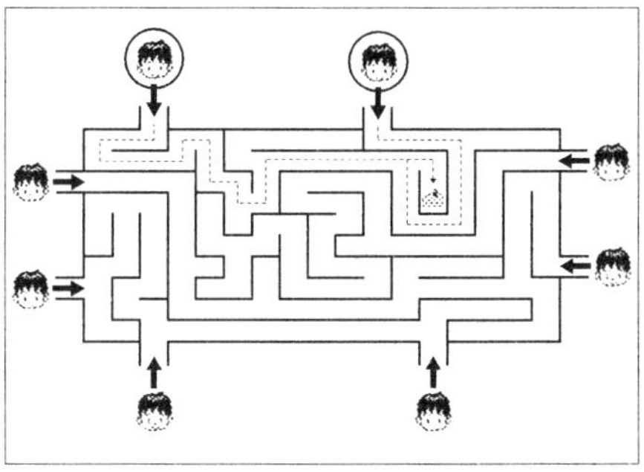

［2022年度出題］

学習のポイント

ゴールの決まっている迷路の場合は、スタート地点から始めるのではなく、ゴールから遡っていくやり方が、一番早く答えを導き出すことができます。今回は、この解答に45秒間で取り組むので、まずは、ゴールから導き確実な答えに○をつけ、残った時間でその他からスタートしてみて、お子さまが納得できるような解答になれば、モチベーションも上がるでしょう。今回は、スタートがいくつもありましたので、ゴールから遡ることが一番早い解答ですが、スタートとゴールがそれぞれひとつの場合は、スタートから始め、途中複雑になったら、ゴールからスタートを目指し、どのあたりを目指せば、スタートからの線と合流できるか目星をつけて歩み寄ることも必要になってきます。

【おすすめ問題集】

Ｊｒ・ウォッチャー７「迷路」

問題21　分野：常識（生活習慣）

〈準備〉　クーピーペン（黒または赤）

〈問題〉　①上の絵を見てください。正しいマスクのつけ方に、○をつけてください。
②下の絵を見てください。正しい箸の持ち方に、○をつけてください。

〈時間〉　各10秒

〈解答〉　上：右端　下：中央

［2022年度出題］

学習のポイント

コロナ禍ならではの問題が、近年出題されるようになりました。公衆衛生、エチケットに関する問題です。マスクのつけ方は、ご指導されているでしょうが、マスクは、「苦しい・暑い・蒸れる・邪魔」などという考えで、お子さまへの対応をされていませんか。お子さまに疾患やアレルギーなどある場合は、それ相応の対応をされることが第一ですが、今のところ、まだしばらくマスクを外しての日常生活は、なかなか望めそうにありません。常識として、きちんとしたマスクのつけ方やその理由をお子さまに教えましょう。お箸の持ち方も、お子さまを通して、ご家庭のご指導が見られています。お箸だけではなく、お茶碗の持ち方、配置も日頃からきちんとご指導ください。

【おすすめ問題集】

Jr.ウォッチャー25「生活巧緻性」、30「生活習慣」

問題22　分野：言語（言葉の音）

〈準 備〉　クーピーペン（黒または赤）

〈問 題〉　名前の音の数が、左のさいころの目と同じものを選んで、○をつけてください。

〈時 間〉　30秒

〈解 答〉　①左端（カメ）、②右から２番目（サクランボ）、③右端（トウモロコシ）

［2022年度出題］

学習のポイント

名前の音の数は、正しくものの名前を知らなければ、音の数が合わなくなります。例えば、「とうもろこし（６音）」を「ともろこし（５音）」のように、日常では通じる口語の通りで考えてしまうと、音の数を正しく数えることができません。小さいお子さまにはありがちなことです。普段から、お子さまの話は、このようなことにも気をつけて聞き、間違っていたらその都度、正しい発音や音の数を指折りして教えていきましょう。

【おすすめ問題集】

Ｊｒ・ウォッチャー17「言葉の音遊び」、18「いろいろな言葉」、60「言葉の音」

問題23　分野：理科（理科的な常識）

〈準　備〉　クーピーペン（黒または赤）

〈問　題〉　左の生き物が大きくなった時の絵を、右から探して、○をつけてください。

〈時　間〉　30秒

〈解　答〉　右から２番目（カエル）、左から２番目（ニワトリ）、
左端（カブトムシ）

［2022年度出題］

学習のポイント

この問題は理科的常識を問うものですが、最近では、実際に見ることがなかなか難しく、ほとんどのお子さまは、知識として学習することになると思います。カブトムシの幼虫などは、今は、お店で購入もできますので、観察されると良いかと思います。このような問題に出るものは、卵からかえった時の様子と大人になった姿が、がらりと変わるものばかりです。できれば本物に触れ、自然の中で育まれたこの不思議な現象に、興味をもって学びが楽しくなることを期待します。

【おすすめ問題集】
Ｊｒ・ウォッチャー27「理科」、55「理科②」

問題24　分野：行動観察（絵画・集団行動）

〈準　備〉　森の絵の描かれた模造紙・○（7.5×7.5cm）が描いてある紙・クーピーペン・ハサミ・チューブのり

〈問　題〉　**この問題の絵はありません。**
４人グループで制作します。
模造紙には、沢山の木が描いてあり、森の絵になっている。
各自に○が描いてある用紙を渡される。○の中には、好きな絵を描き、ハサミで○を切り取り、のりで森の絵に貼り、完成させる。

〈時　間〉　５分

［2022年度出題］

学習のポイント

「どんな森にする？」などの声掛けができると良いですね。よくある光景が、「どうする？」「私は（僕は）こうしたい。」をお互い繰り返し、作業が滞ってしまうパターンです。「○○しようと思うんだけど、みんなはどう思う？」のような問いかけであれば、おとなしいお子さまであっても、「それがいいね。」の賛同意見は発言できるのではないでしょうか。作品の完成度ではなく、統率力や協調性を観られている一方で、制作も求められているので、進めないといけません。話し合いの中で、仲良くなり、おしゃべりやお行儀が悪くなったり、ハサミなどの扱いやごみの始末など、緊張の中でも、普段のお子さまの様子が出てしまいます。ご家庭でのしつけが、ここに表れると思ってください。類似問題として、４人で１グループを作り、紙コップでできるだけ大きな灯台を作る問題も出題されました。

【おすすめ問題集】

Ｊｒ・ウォッチャー23「切る・貼る・塗る」、24「絵画」、25「生活巧緻性」、29「行動観察」、30「生活習慣」

問題25　分野：面接（親子面接）

〈準備〉　なし

〈問題〉

面接官：先生２名

本人へ
- 名前、誕生日
- 園名、園での遊び、仲良しのお友達の名前
- 園でけんかをしたことがあるか
- 園のお昼は給食か、嫌いな食べ物、嫌いな食べ物が給食に出たらどうするか
- お家での遊び、着替えを一人でできるか
- 自転車でどこまで行ったことがあるか
- 電車やバスに乗った時の、母親とのお約束

父親
- 志望理由
- 仕事について
- 緊急時のお迎え
- 休みの日のお子さまとの過ごし方
- お子さまの長所・短所、また、お子さんが成長したと感じた時のエピソード
- 当校の体験授業で良かったと感じた点
- 当校の校内見学の感想
- お子さまが学校でいじめられたと言って帰ってきたら、どうするか

母親
- お子さまの長所・短所
- 園の先生から、どのようなお子さんといわれているか
- 当校でどのように成長してほしいと思うか、当校に期待していること
- ご家庭でのしつけで、気をつけていること
- バザーなど、学校行事への参加・協力
- 緊急時のお迎えの手段やかかるであろう時間
- アレルギーについて

〈時間〉　８分

学習のポイント

親子面接では、保護者の方がそばにいても、お子さまは保護者の方を見ることなく、しっかりと先生の方を向き、足を揃え、姿勢を正し、最後まできちんと着席していましょう。保護者の方は、事前に想定質問への答えは準備されているとは思いますが、文面通りではなく、その場の雰囲気に合わせ、早口ではなく、本校への熱意が伝わるようなお話をされると良いでしょう。しかし、熱意のあまり、長々とお話されることはいけません。質問されたことから逸脱したお話もいけません。端的に話ができるように準備しておきましょう。また、ご両親がそろっているならば、教育方針や本校へ望むことなど、食い違いが生じないよう、事前にしっかりと話し合っておかれることです。入室・着席・退室の際のマナーも、ご家族でしっかりと練習されておいてください。

【おすすめ問題集】

面接テスト問題集、入試面接最強マニュアル、新小学校受験の入試面接Q＆A

〈宝仙学園小学校〉

※問題を始める前に、本書冒頭の「本書ご使用方法」「本書ご使用にあたっての注意点」をご覧ください。
※本校の考査は鉛筆を使用します。間違えた場合は消しゴムで消し、正しい答えを書くよう指導してください。

**保護者の方は、別紙の「家庭学習ガイド」「合格ためのアドバイス」を先にお読みください。
当校の対策および学習を進めていく上で役立つ内容です。ぜひご覧ください。**

2023年度の最新問題

問題26　分野：記憶（模写）

〈準 備〉　鉛筆

〈問 題〉　（問題26－１の絵を見せ、問題26－２の絵を渡す。）
お手本を見てください。
今見たお手本と同じ形になるように足りない線を書き足してください。

〈時 間〉　40秒

〈解 答〉　省略

学習のポイント

解答時間が短いので何度も見比べていては解き終えることができません。しっかり見本を覚えて取りかかるようにしましょう。また、本問においては運筆も大切になります。運筆は、何度も回数を重ねることで上達するものです。鉛筆の正しい持ち方と併せて、毎日の学習前の手の運動として取り入れてください。また、道具によって必要な力加減が変わります。鉛筆だけではなく、クーピーペンやクレヨン、サインペンなど、色々な筆記具に慣れておくとよいでしょう。

【おすすめ問題集】
Ｊｒ・ウォッチャー20「見る記憶・聴く記憶」、51「運筆①」、52「運筆②」

問題27　分野：模写（複合）

〈準 備〉　鉛筆

〈問 題〉　（問題27－１のイラストを20秒間見せて、問題27－２のイラストと交換する）
お手本を見て、同じ場所に書き写しましょう。但し、○は△に、□は×に、△は□に、×は○に直して書いてください。

〈時 間〉　20秒

〈解 答〉　下図参照

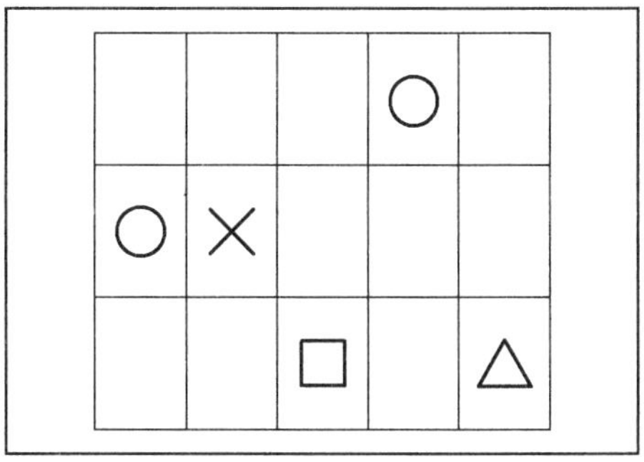

学習のポイント

「見る記憶」と「置き換え」の複合問題です。どこに何があったかを覚えることはもちろんですが、置き換えの指示は問題の絵には示されておらず、口頭でされるので、何を何に置き換えるのかしっかり指示を聞かなければならない点もこの問題のポイントでしょう。一見簡単に思えますが、印象よりは難しい問題です。こうした複合問題が解けるようになるためには、まず「見る記憶」と「置き換え」それぞれの分野の基礎を身につけ、その後に取り組むことをおすすめします。

【おすすめ問題集】

Ｊｒ・ウォッチャー20「見る記憶・聴く記憶」、57「置き換え」

問題28　分野：指示の理解（位置の移動）

〈準 備〉　鉛筆

〈問 題〉　動物が四角の中を動いていきます。水たまりは飛び越えます。
・ウサギの絵のところに指を置いてください。左に5つ、下に3つ、右に2つ、下に１つ、右に5つ、下に２つ、この場所に○を書いてください。
・イヌの絵のところに指を置いてください。上に2つ、右に３つ、下に2つ、左に６つ、上に7つ、右に５つ、この場所に△を書いてください。

〈時 間〉　各10秒

〈解 答〉　下図参照

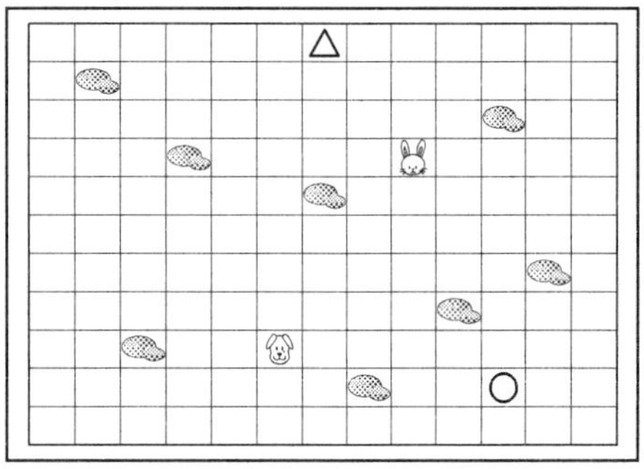

学習のポイント

座標移動も頻繁に出題される問題です。当校での座標移動の問題は上下左右の４方向に移動しますので、集中して聞くことができるかどうかが重要になります。また、付ける記号が①と②でそれぞれ異なっていますので、移動する位置を聞き取って安心しないようにしてください。このようなマス目の移動の問題は、指示された内容をどの程度理解できるかによってその出来が決まります。苦手な場合は、おはじきなどの具体物を使って、「上から何段目」「下から何段目」「左から何番目」「右から何番目」といった言い方を、マス目にそって実際に確認させて理解を深めるとよいでしょう。

【おすすめ問題集】
Ｊｒ・ウォッチャー２「座標」、47「座標の移動」

問題29　分野：記憶（お話の記憶）

〈準備〉　鉛筆

〈問題〉　これからお話をします。よく聞いて後の質問に答えてください。
ここはたくさんの動物たちが住んでいるゴロゴロ村です。今日は、村に住んでいるクマさんの7歳の誕生日です。仲良しのウサギさん、ブタさん、リスさんはお祝いをすることにしました。「ねぇ、今日のお誕生会はどうしようか」3匹は相談を始めました。「おいしい食べ物を採ってきてプレゼントするのはどうかな？」「いいわね。クマさんのために準備をして、楽しいお誕生会にしましょうよ。」と話し合っています。さて、動物たちはどんなものを持ってくるのでしょうか。ウサギさんが「私のうちで育てた甘くておいしいリンゴがあと1つあるわ。だから私はりんごを用意するわね。」と言いました。ブタさんは「僕はおいしいクリがなっている場所を知っているから、クリを用意するよ。」リスさんはよいプレゼントが思いつかず困ってしまいました。そこでウサギさんはリスさんに言いました。「リスさんは、お花を用意したらどうかな。あのつり橋の向こうには、とってもきれいなお花が咲いているよ。」リスさんは「ええ、あのつり橋の向こう？」困った顔で答えました。なぜかというと、リスさんはそんなに遠くまで行ったことがなかったからです。でも、リスさんはクマさんに喜んでもらおうと、お花を採りに行くことに決めました。リスさんは早速、村から少し離れた所にある吊り橋へと向かいました。早くお花を取って帰りたいリスさんは、走って通り抜けようとしました。ゴトゴトゴト、と吊り橋は大きな音を立てていました。すると、「誰だ、私の家の近くでうるさくするのは。」と大きな声が聞こえてきました。見るとそこにはゴリラさんがいました。「うるさくしてごめんなさい。この先にあるお花を取りたかったんです。」とリスは答えました。ゴリラさんは困ってしまいました。あのお花はゴリラさんが大切に育てたものだったからです。ゴリラさんは、「え、あのお花が欲しいのかい？あれは僕が育てているお花なんだよ…。」ゴリラさんとリスさんが話をしているところに、それぞれのプレゼントを用意した動物たちがやってきました。リスさんは、今まであったことを全部話しました。すると、うさぎさんは「そうだったのね、大切なお花だったなんて知らなかったわ。では、私がとってきたリンゴと交換してくれないかしら？」とゴリラさんに聞きました。リンゴがだいすきなゴリラさんは、リンゴを見ると「それならいいぞ。リンゴとお花を交換しよう。」と言いました。リスさんはゴリラさんから、赤いお花４本、白いお花を２本もらうことができました。ゴリラさんは「でもどうしてそんなにお花が欲しいんだい？」と聞きました。みんなは「今日は、クマさんの誕生日なんだ。みんなでプレゼントを用意して楽しいお誕生会にするんだ。」と答えました。ゴリラさんは「そうだったのか。だからお花が欲しかったんだね。いいなぁ、お誕生会。楽しそうだね。」と言いました。ブタさんが「ねぇ、もしよかったらゴリラさんも一緒にお誕生会に行かない？お花をくれたし、それにみんなでお祝いしたらクマさんもきっと喜ぶと思うよ。」とみんなに言いました。ゴリラさんはニッコリ笑って、「いいのかい、嬉しいな～。」と喜びました。ゴリラさんは「リスさんたちが来るまで、クッキーを焼いていたんだ。僕はそれをもっていくことにしよう。」といい、みんなでクマさんのお家へ向かいました。みんなはゴロゴロ村へ帰り、プレゼントをしました。クマさんは、プレゼントをとっても喜んでくれました。何よりお友達が１人増えたことも喜んでいました。

①それぞれが渡したプレゼントを線で結んでください。
②プレゼントをした花束はどれでしょう。○を付けてください。

〈時　間〉　各15秒

〈解　答〉　下図参照

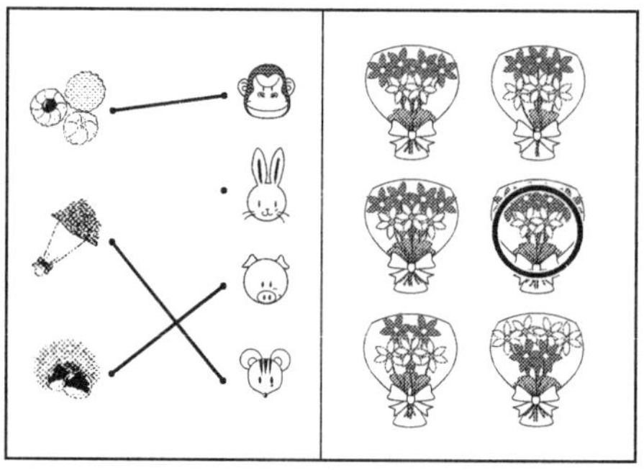

学習のポイント

長めのお話ですが、登場人物が少なく、話の内容としてはわかりやすいものでしょう。物語を聴きながら、情景を頭の中で思い描くようにすると記憶に残りやすくなります。初めはゆっくり読み聞かせをしながら、所々で誰が出て来たか、周りの景色はどうなっているかなど、質問をするようにしましょう。短いお話から少しずつ長いお話へと練習を重ねていくうちに自然と話の情景を思い描けるようになってきます。また、お話の続きを予想させたり、お話の絵を描かせたりするのも、想像力を育む効果的な学習になります。

【おすすめ問題集】
1話5分の読み聞かせお話集①・②、お話の記憶 初級編・中級編・上級編、
Ｊｒ・ウォッチャー19「お話の記憶」

問題30　分野：数量（数の増減）

〈準　備〉　鉛筆、白い紙

〈問　題〉　たけしくんが、お父さんとじゃんけんをします。お父さんに勝つと飴を3つ、あいこだと飴を１つもらえます。でも、負けてしまうと飴を１つあげなければいけません。たけしくんは最初に飴を２つ持っていました。そこからお父さんと５回じゃんけんをしました。結果は次のようになりました。勝ち、負け、あいこ、負け、勝ちでしたじゃんけんの後たけしくんは飴をいくつ持っていますか。持っている飴の数だけ四角に○を書いてください。

〈時　間〉　15秒

〈解　答〉　下図参照

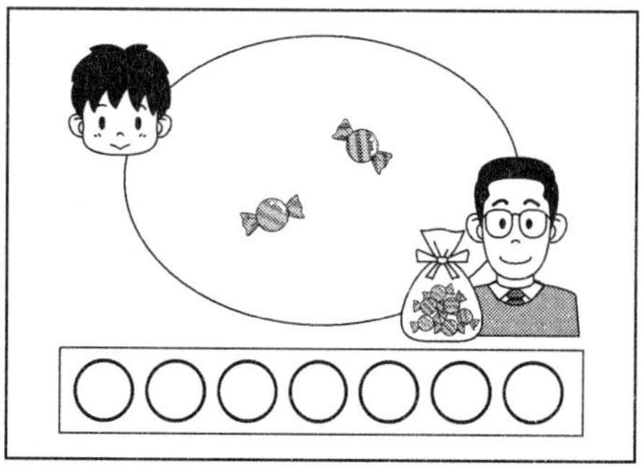

学習のポイント

全体の数だけ意識すればよいのですが、問題が読み上げられている最中にはそれがわからないため、混乱するお子さまも多いでしょう。また、たし算・ひき算を暗算で行う必要もあるため、難易度は高い問題と言えます。当校では過去にも、複数の操作を暗算で行わせる問題を出題していますので、数量の分野については十分に対策を取っておいた方がよいでしょう。

【おすすめ問題集】
Ｊｒ・ウォッチャー38「たし算・ひき算１」、39「たし算・ひき算２」、40「数を分ける」、43「数のやりとり」

問題31　分野：数量（数える）

〈準備〉　鉛筆

〈問題〉　いろいろなブロックがあります。このブロックを組み合わせて、下に描いてある形を作るといくつできますか。その数だけ下の四角に○を書いてください。ブロックが余ることもあります。

〈時間〉　40秒

〈解答〉　左側－３　右側－4個

学習のポイント

同じ形を見つけながら、正しく数えていくことです。数えたものに何らかの印をつけていくと重複することはないでしょう。数えるときは同じ方向から数えていくとよいでしょう。１組のうちのどちらかの数の少ない方の組み合わせしかできません。方法を講じて練習していきましょう。多くの種類と数を数える根気も大事なことです。

【おすすめ問題集】
Ｊｒ・ウォッチャー37「選んで数える」

問題32　分野：空間認識

〈準備〉　鉛筆

〈問題〉　コアラさんがやってきてみんなの真ん中から5枚の写真を撮りました。○のところにいる動物に○を、△のところにいる動物に△を付けてください。

〈時間〉　1分30秒

〈解答〉　○－ウサギ　△ネズミ

学習のポイント

ヒツジを真ん中にした写真は5枚のうちの右上の写真になります。ヒツジから時計回りと反対に下に下がってきて、ヒツジ、キツネ、イヌ、1組、次はイヌ、パンダ、タヌキで1組、次はタヌキ、ネコ、ウサギで1組このような配置になります。ヒツジを中心にして考えていくと論理的に説明が付きます。動物たちは円の中心を向いていることを忘れないようにしましょう。

【おすすめ問題集】

Ｊｒ・ウォッチャー10「四方からの観察」、31「推理思考」

問題33　分野：迷路（条件付き迷路）

〈準備〉　鉛筆

〈問題〉　リスさんが全部のドングリを拾って出口まで行きます。おなじ道は通れません。×の所も通れません。線からはみ出さないように出口まで線を引いてください。下も同じようにやってください。

〈時間〉　30秒

〈解答〉　下図参照

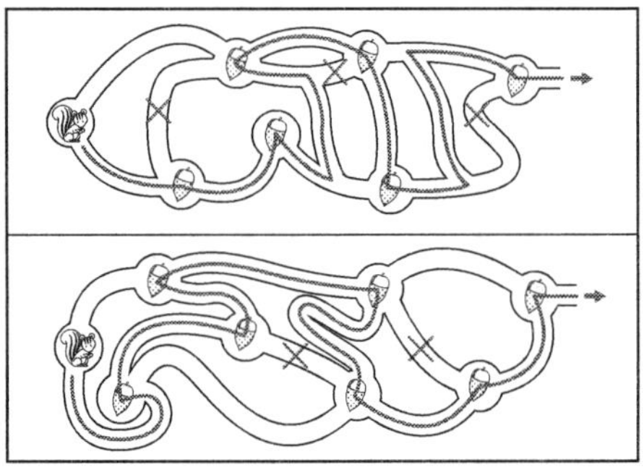

学習のポイント

迷路の問題を解くには、観察力や記憶力、思考力、集中力などさまざまな力が要求されますが、本問の難易度はそれほど高いものではありません。時間制限はありますが、ふだんからこのような迷路に親しんでいれば、十分に対応できるレベルでしょう。迷路で通った道順を書き入れる作業は、上述したような力を養うだけでなく、細いところを通ったりさまざまな角度で曲がったりと筆記具を細かく操作しなければならないため、筆記具の扱いが自然と上達します。多くのお子さまが好む遊びですので、積極的に取り入れるとよいでしょう。また、線を引きながら道を探すのではなく、目や指先である程度進路を確認してから線を書き始めるようにすると、仕上がりがきれいになり、時間の短縮にもつながります。

【おすすめ問題集】

Ｊｒ・ウォッチャー７「迷路」、51「運筆①」、52「運筆②」

問題34　分野：文字の認識（読む、判断）

〈準 備〉　鉛筆

〈問 題〉　自分で問題文を読んで答えを書いてください。読むときは声を出さないようにしてください。

〈時 間〉　2分30秒

〈解 答〉　①きじ　②おじゃまします　③からす・うぐいす　④△ーまつり・○ーかかし

学習のポイント

当校では、例年、ひらがなを読む問題が出題されています。ひらがなを読む問題に生活常識やマナーについての問いも含まれた形です。ひらがなを書いて答える問題はありませんので、読むことができれば解答することができます。ただし、問われる「常識」については知識をもっていなければ正解はできません。

【おすすめ問題集】

Ｊｒ・ウォッチャー11「いろいろな仲間」、26「文字・数字」、49「しりとり」

問題35　分野：行動観察（巧緻性・制作）

〈準 備〉　○のところをリボンが通るくらいの穴をあけておく、リボン（穴を通してリボン結びができる長さ）

〈問 題〉　**この問題は絵を参考にして下さい。**
2つの穴に紐を通し前の方でリボン結びをしてください。終わったらトラックの絵を描いてください。

〈時 間〉　6分

〈解 答〉　省略

学習のポイント

初めに図が描いてある物で説明がされます。指示をしっかり聞いて制作にあたったのか、できた結果を見ればわかります。このような問題は制作中の行動、物の使い方、後片付け、終わってからの行動など最後までの　行動を観られます。日頃手伝いや遊びなどでもやりっぱなしではなく、しっかりと後片付けまでするような習慣をつけるようにしていきましょう。

【おすすめ問題集】

Ｊｒ・ウォッチャー24「絵画」、実践 ゆびさきトレーニング①②③

問題36　分野：面接

〈準備〉　なし

〈問題〉　この問題は絵を参考にして下さい。

子供へ、
（問題36の絵を見せて）
「この絵を見て、あなたの考えを話してください」

保護者へ
・家庭の教育方針や志望動機などを中心に、子どもとの係り方を観られるような質問をされます。

〈時間〉　適宜

〈解答〉　省略

学習のポイント

面接で求められるのは「こう答えれば高く評価される」といった型にはまった模範解答ではなく、各家庭のありのままの様子ですから、特に構えたりせずに、自然に答えるのがよいでしょう。お子さまの面接は、試験官の先生と１対１で行なわれます。あいさつや、返事、言葉遣いなど、受け答えの仕方を通して、お子さまの基本的な生活習慣や、ルール、マナーが観られます。また、今回の面接では、お子さまに対して絵を用いた質問が設けられていました。前述した受け答えの他に、自らの考えを相手に伝える力が必要になります。一朝一夕で身につく力ではありません。普段からお子さまとコミュニケーションをよく取るよう、心掛けましょう。

【おすすめ問題集】
面接テスト問題集、入試面接最強マニュアル

問題37　分野：記憶（お話の記憶）

〈準備〉　鉛筆

〈問題〉　森に住むネズミさんの家族が、音楽会を開くことになりました。ネズミさんは、「大好きな小鳥のレタ先生にも招待状を渡そうと思っているんだけど、レタ先生がどこにいるのかわからないんだ。」と、郵便屋さんのクマ君に相談しました。「よし。僕に任せて。レタ先生を探して、招待状をお届けしてくるよ。」とクマ君は力強く答えました。こうして、クマ君は、レタ先生を探すことになりました。最初に川へ行きました。すると、どこからかきれいな歌声が聞こえてきたので、クマ君は「誰が歌っているんだろう。」と考えながら、歌声のする方に近づいてみました。声の主は、カメ君でした。「カメ君、歌が上手なんだね。」とクマ君は、カメ君に声を掛けました。すると、カメ君は、「うん。僕は歌が大好きなんだ。」と答えました。「ところで、僕は、レタ先生を探しているんだけど、カメ君は、レタ先生がどこにいるか知らないかい。」と、カメ君は、クマ君から聞かれましたが、「僕は、知らないな。でも、池のカエルさんなら、知っているかもしれないよ。」と教えてくれました。クマ君は、カメ君にお礼を言って、すぐに池の方に向かいました。池の近くまでくると、また、素敵な歌声が聞こえてきました。今度は、カエルさんたちが、池で合唱をしているところでした。「すてきな歌声だね。」と、クマ君がカエルさんたちに声を掛けました。すると、カエルさんたちは、「ええ。私たちは歌が大好きなの。」と答えました。「ところで、僕は、レタ先生を探しているんだけど、カエルさんたちは、レタ先生がどこにいるか知らないかい。」と、クマ君は、カエルさんたちに聞きましたが、「私たちは、知らないわ。でも、森の小鳥さんなら、知っているかもしれないわ。」と教えてくれました。クマ君は、カエルさんたちにお礼を言って、すぐに森の方に向かいました。森の近くまでやってくると、また、素敵な歌声が聞こえてきました。今度は、小鳥さんたちが、森で歌の練習をしているところでした。「素敵な歌声だね。」と、クマ君が小鳥さんたちに声を掛けました。すると、小鳥さんたちは、「ありがとう。私たちは歌が大好きで、レタ先生にお歌を教えてもらったところなの。」と言いました。「本当かい。僕は、ネズミさんに頼まれて、レタ先生を探しているんだよ。小鳥さんたちは、レタ先生がどこにいるか知らないかい。」と、クマ君が小鳥さんたちに聞くと、「レタ先生なら、この森の先のお山のてっぺんにいるわ。」と教えてくれました。それから、クマ君は、レタ先生を探しに、お山へ向かいました。

①郵便屋さんが、レタ先生を探した場所が、左から順番に描かれています。正しい順番で並んでいる絵の左側の四角の中に○を書いてください。
②このお話の中の郵便屋さんとレタ先生が、正しく描いてある絵はどれですか。○をつけてください。

〈時間〉　各20秒

〈解答〉　①一番上　②左下

［2022年度出題］

学習のポイント

この問題は、お話の流れ・場面の順序が問われた問題です。まずは、しっかりとお話を聞いて、場面の展開を、頭の中で絵を描くようにして、記憶をしていく練習をしましょう。登場する生き物が沢山いるので、その生き物の特徴や住んでいる場所などを、お話の中から、関連性を掴み、記憶していくと良いでしょう。場面展開に追いついていくことができれば、あとは、お話の始めの方で、「小鳥のレタ先生」「郵便屋さんのクマ君」という、キーワードが出て来ました。どれだけ意識して覚えていることができたかが、二問目の解答に響いてきます。問題数が少ないので、本校の問題の傾向をよく分析して、学習していきましょう。

【おすすめ問題集】

1話5分の読み聞かせお話集①②、お話の記憶　初級編・中級編・上級編、
Ｊｒ・ウォッチャー19「お話の記憶」

問題38　分野：欠所補完

〈準　備〉　鉛筆

〈問　題〉　上にお手本が描いてあります。このお手本と同じになるように、下の四角に描いてある形の足りないところを描き加えてください。

〈時　間〉　45秒

〈解　答〉　省略

［2022年度出題］

学習のポイント

一般的ではない形の欠所部分を、しっかりと見極めて書き足していく、やや高度な問題です。ただ、線を書き足すのではなく、どの角からどの角へ線結びするのか、きちんと見極め、出発点から到着地点まで、しっかりと線を引くことが求められています。運筆や観察力、丁寧さ、もちろん姿勢がきちんとしていないといけません。今回は、曲線はありませんが、普段から、線はまっすぐに引く、点図形では点と点をしっかり結ぶ、○は下から書き始めてきちんと書き始めの点と結び合わせるなど、意識して学習することを心がけください。

【おすすめ問題集】

Ｊｒ・ウォッチャー１「点・線図形」、59「欠所補完」

問題39　分野：置き換え

〈準備〉　鉛筆

〈問題〉　上にお手本が描かれています。お手本の○は×に、×は□に、△は○に置き替えて、下の四角の同じ場所に描いてください。

〈時間〉　45秒

〈解答〉　下図参照

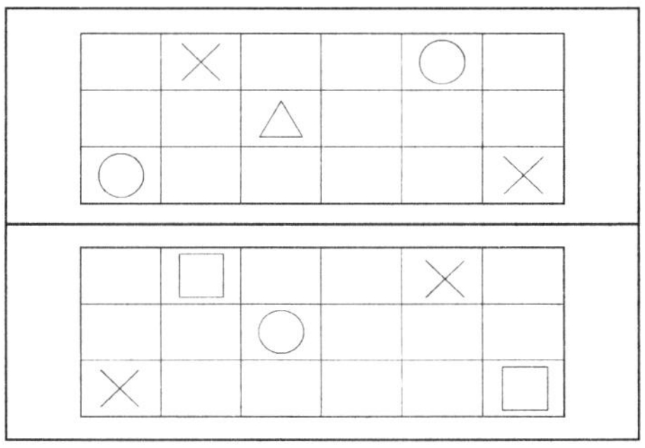

[2022年度出題]

学習のポイント

この問題は、座標もさることながら、まずは、問題を理解、記憶してからではないとできません。かなり難しい問題だと思います。まずは、問題で説明された置き換えの記号の変化をどのように覚えるかが、カギになります。もちろん、口頭説明だけで覚えることのできるお子さまには、必要ありませんが、どうしても苦手なお子さまには、置き換えの際に、覚えやすいような記憶の仕方の訓練が必要でしょう。例えば、「○は×に」は、漫画のおへそをイメージしましょうか。「×は□に」は、お口はチャック、「△は○に」は、サンタさんの帽子、など、絵を思い浮かべて記憶していく練習もあります。

【おすすめ問題集】

Ｊｒ・ウォッチャー57「置き換え」

問題40 分野：座標（座標の移動）

〈準備〉 鉛筆

〈問題〉 イヌの絵に、人差し指を置いてください。これから、先生が言う通りに、イヌを動かしていきます。途中にある水たまりのマスは、飛ばして進みます。

①左に３つ、下に５つ。右斜め上に２つ、下に４つ、左に６つ動くと、イヌは、どこにいますか。今いるところに○を書いてください。

②ウサギの絵に、人差し指を置いてください。先ほどと同じように、今度はウサギを動かしていきます。左斜め上に２つ、右に４つ、上に３つ、左斜め下に４つ、右に５つ動くと、ウサギはどこにいますか。今いるところに△を書いてください。

〈時間〉 各10秒

〈解答〉 下図参照

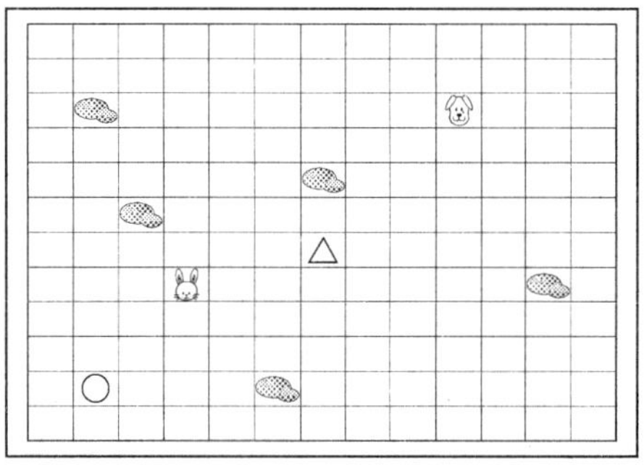

[2022年度出題]

学習のポイント

この座標の移動は、左右弁別・右斜め上下・左斜め上下の意味と、実際にそのように指を動かすことができるか、によって解答に差がでてしまいます。また、説明に合わせ、指をその通りに移動させていくことができるか、「指示を聞いて、その通りに動かすことができる」という、二つの要素が含まれています。この問題で指示される上下左右は、解答者から絵を見た上下左右と考えましょう。また、「水たまりは飛ばして進みます。」という条件付きの問題です。得意なお子さまと、苦手なお子さまの差がでやすい問題とも言えるでしょう。うまく移動できても、最後の記号を間違えないよう、細心の注意が必要です。

【おすすめ問題集】

Ｊｒ・ウォッチャー38「たし算・ひき算１」、39「たし算・ひき算２」、40「数を分ける」、43「数のやりとり」

問題41　分野：数量（数のやりとり）

〈準 備〉　鉛筆

〈問 題〉　あやめさんは、クッキーを９個持っています。１個食べて、残りを弟と二人で仲良く同じ数ずつ分けました。その後、お母さんから、クッキーを５個もらったので、遊びに来てくれた、お友だちのすみれさんに、クッキーを３個あげました。あやめさんは、今、クッキーを何個持っていますか。その数だけ、下の四角に○を書いてください。

〈時 間〉　30秒

〈解 答〉　○：６つ

［2022年度出題］

学習のポイント

数の操作です。10までの数は、たし算・ひき算だけではなく、数の構成・等分割・余りなどがわかっているとすぐに解答できるでしょう。しかし、これが難しいお子さまも、お話の通りに指で操作できるのであれば大丈夫です。ただ、お話のスピードに合わせ、指操作ができないと、最後まで着いていくことは、難しいかもしれません。クッキーを９個持っていたが、１個食べて８個になり、それを弟と同じ数ずつ分けた時点で、４つずつになったことがわかったでしょうか。さらに、クッキーを５個もらった後、お友だちに３個あげた、という、お話を聞きながら、数を沢山操作していくので、難しかったようであれば、一区切りずつお話して、その都度、指の操作もしくは計算ができているか確認してみてください。

【おすすめ問題集】

Ｊｒ・ウォッチャー38「たし算・ひき算１」、39「たし算・ひき算２」、40「数を分ける」、43「数のやりとり」

問題42　分野：数量（選んで数える）

〈準 備〉　鉛筆

〈問 題〉　四角の中に、「Ａ」と「Ｒ」は、それぞれいくつありますか。その数だけ、それぞれの文字の横の四角に○を書いてください。

〈時 間〉　30秒

〈解 答〉　Ａ：○が５つ　Ｒ：○が６つ

［2022年度出題］

学習のポイント

この問題は、「選んで数える」分野ですが、驚くことに、ひらがなだけではなく、アルファベットも理解していないと解けない問題です。更に、数種類のアルファベットが、色々な方向で配置されています。右利きのお子さまであれば、左から順に、左利きのお子さまは、右から順に「A」の文字を消し込んでいきましょう。消し込みの際には、あまり大きくチェックマークをつけないことを心掛けましょう。もっと複雑な質問が後から出されたり、見直しするときなどの際に、大きすぎるマークは、それらの作業に差しつかえてしまうことがあります。数を数える基本的な問題ですので、時間がある限り、解答後、もう一度確認し、確実に正解したい問題です。

【おすすめ問題集】

Ｊｒ・ウォッチャー14「数える」、37「選んで数える」

問題43　分野：推理思考

〈準　備〉　鉛筆

〈問　題〉　トラさんがみんなの写真を撮るので、お友だちには、その周りに丸く並んでもらって、トラさんは、その真ん中に立ちました。トラさんが撮った写真は、左に並べてあります。では、右下の絵の○と△に立っていたお友だちは、どれでしょうか。右下の四角の動物の絵に、それぞれの印をつけてください。

〈時　間〉　1分

〈解　答〉　○：キツネ　△：パンダ

[2022年度出題]

学習のポイント

昨年もこの問題は出ました。恐らく、正解率が低かったものと思います。考え方としては、まず、起点のネコです。写真では、半分しか写っていませんが、きちんと顔全部が写っているネコの写真と考えます。写真は見たまま写ります。そこをしっかり捉えましょう。ただ、写真を撮ったトラと、お子さまは対面した形になります。つまり、動物たちは、丸く並んでいますが、手前の動物たちは、お子さまとは反転した画像となります。一番上の写真は、左からネコ・リス・クマですが、これをトラの周りの四角にあてはめると、ネコの左隣がリス・クマの順になります。下から２段目の写真では、左からイヌ・ウサギ・ネコになっていますが、これも反転し、ネコの右にウサギ・イヌとなります。この問題は、系列の問題として考えていくとわかりやすいでしょう。二年連続で出されているので、しっかりと対策をしておくと良いです。

【おすすめ問題集】

Ｊｒ・ウォッチャー10「四方からの観察」、31「推理思考」

問題44　分野：推理（迷路）

〈準備〉　鉛筆

〈問題〉　リスさんが、矢印のところからスタートして、ドングリを全部拾って、ゴールまで進むことができるように、線を引いてください。ただし、同じ道は、1度しか通ることはできません。2つともやりましょう。

〈時間〉　1分

〈解答〉　下図参照

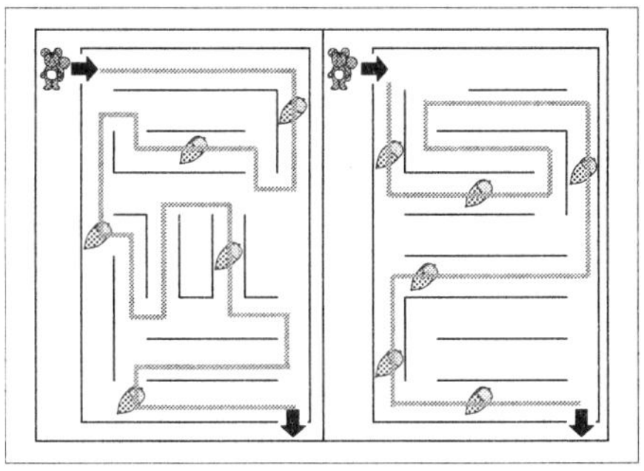

［2022年度出題］

学習のポイント

このような条件迷路は、良く出される問題のひとつです。注意したいことは、すぐに鉛筆で線を書き入れるのではなく、まずは、指で、全てのドングリを拾う道をたどりましょう。間違えてしまったら二本線で訂正できますが、点図形・迷路等、やみくもに書き進めていって、二本線の訂正が増えると、お子さまだけではなく、採点者も、どれが正解なのか判断しにくくなりますので、ここは慎重に、一度の線引きで、ゴールまで辿れるようにしましょう。

【おすすめ問題集】

Ｊｒ・ウォッチャー7「迷路」、51「運筆①」、52「運筆②」

問題45　分野：言語（読み・生活習慣・仲間・しりとり）

〈準備〉　鉛筆

〈問題〉　自分で問題を読んで、①～④まで、全ての問題をやってください。

〈時間〉　3分

〈解答〉　①うちでのこづち　②くじら　③すすき○、すずめ△　④ごちそうさま

［2022年度出題］

学習のポイント

この問題も、本校ならではのものです。ひらがなの読み書きだけではなく、文章の読み取りができることが前提です。お子さまがどれほど文字に興味を持っているか、という点が重視されています。また試験会場では、音読ではなく、黙読を要求されます。その文字・単語から、いかに具体的にそのものをイメージできるか、ということも見ているのでしょう。

【おすすめ問題集】

Ｊｒ・ウォッチャー11「いろいろな仲間」、18「いろいろな言葉」、26「文字・数字」、49「しりとり」、56「マナーとルール」

問題46　分野：巧緻性

〈準 備〉　折り紙・モール・セロハンテープ

〈問 題〉　一度、作り方の見本が示される。折り紙を△に二回折って一回だけ開いたら、中心の折り線に向かって、左右を斜めに織り上げ、チューリップの花を作ります。モールを半分に折り、輪の部分を手で持ち、上部を反対の手でねじったら、モールの両端を開いてまっすぐに伸ばし、茎と葉にします。折り紙のチューリップの裏側に、モールとの片方の端をセロハンテープで貼ってください。

〈時 間〉　３分

〈解 答〉　省略

［2022年度出題］

学習のポイント

おおよそのお子さまは、この説明で、折り紙を使いチューリップを折ることはできると思います。その際に、角と角をきちんと重ねたり、しっかりと折り目をつけたり出来ていますか。巧緻性は、すぐには習得できませんので、日頃から、折り紙の角を合わせ折る・折り目をしっかりつける・ハサミだけではなく、手でちぎる・紙やモールをねじる・細かいものをつまむ等、お手伝いとして取り入れると良いかと思います。モールのねじりなどは、年間行事やお友だちや家族の方のお誕生日に、クッキーなどを焼いて袋詰めをするときに、楽しく練習できるでしょう。セロハンテープも、適切な切り方・長さなど、日々の取り組みが必要です。

【おすすめ問題集】

Ｊｒ・ウォッチャー23「切る・貼る・塗る」

問題47　分野：行動観察

〈準 備〉　タンバリン・カスタネット・鈴など

〈問 題〉　**この問題の絵はありません。**
グループでの考査です。
・「ぶんぶんぶん」のピアノ演奏に合わせて合奏する。楽器は、グループで相談し、担当を決める。
・「さんぽ」の曲に合わせて、行進する。音楽が止まったら、そのままの姿勢で止まり、「カニ」「ゴリラ」「ゾウ」「カエル」「赤ちゃん」など、指示されたものに変身する。

〈時 間〉　５分

〈解 答〉　省略

［2022年度出題］

学習のポイント

行動観察における演奏の上手下手は、ほぼ関係ないでしょう。まずは、楽器の担当を決めるときの発言力・統率力等が大切です。そして、もし時間に余裕があれば、曲を知っているか、何拍子であるか、音を出さずに練習できると素晴らしいです。もう一つの指示は、音楽が止まった時の変身の形をしっかり覚えていることもありますが、音楽が流れている間、きちんと前を向いて、しっかり手足を動かし、行進していることも大事です。そして、音が止まったら、恥ずかしがらずに変身しましょう。素早く、きりっとすることで、印象が良くなるはずです。

【おすすめ問題集】
Ｊｒ・ウォッチャー29「行動観察」

問題48　分野：運動

〈準 備〉　なし

〈問 題〉　**この問題の絵はありません。**
・片足バランス。左右どちらも行う。
・模倣体操：１，２，３，４，５の号令に合わせ、テスターと同じように、両手を指折りしていく。親指から順に指を折り、小指までいったら、再度、小指から順に開いていく。
・両手を前に出し、グーパー・グーチョキパーをして、手足をぶらぶらと揺らす。
・腕を左右に、地面と平行に開いた後、左右の人差し指を体の前でくっつける。

〈時 間〉　適宜

〈解 答〉　省略

［2022年度出題］

学習のポイント

このような運動能力は、毎日、自力で通学する力が備わっているかを確認するものです。また、指折りは、どこか身体的な問題がないかを確認しています。車での移動が多いお子さまは、立ったままの作業がやや困難ということもあります。通学するとなると、どちらかの公共手段を使うことになりますので、お子さまがランドセルを背負って、毎朝のラッシュ時間に電車やバスに乗ることを想定し、しっかりと体力作りは、ご家庭でもしておかれることをおすすめします。

【おすすめ問題集】

Ｊｒ・ウォッチャー29「行動観察」・30「生活習慣」

問題49 分野：面接

〈準　備〉　なし

〈問　題〉　**この問題の絵はありません。**

保護者面接：父、母、どちらが答えても良いと言われる。

・本校の受験は、どちらが強く希望しましたか。
・オンライン説明会で、印象に残っていることをお話ください。
・本校のアドミッションポリシーについて、ご家庭でどのように取り組まれましたか。
・仏教教育の時間がありますが、ご理解いただいておりますか。
・合掌に抵抗はありませんか。
・ノートの取り方について、ご家庭と学校とで、違いがあったらどうされますか。
・お子さんを進学させたい中学はありますか。
・お子さんの名前の由来をお話ください。
・お子さんの長所・短所を教えてください。
・お子さんの今後の課題は、どのようなことだと思っていらっしゃいますか。
・お休みの日のご家族での過ごし方をお話ください。
・お子さんの成長を感じたエピソードをお話ください。
・子育てで大変だったことはありますか。
・将来、お子さんがご両親の願いとは、違う道を希望したら、どうされますか。
・何らかのアレルギーがあるようでしたら、教えてください。

本人面接：個別

・お父さんとお母さんのお名前を教えてください。
・昨日の夜ご飯は、何を食べましたか。
・知っている人に会ったときは、どのようにご挨拶しますか。
・あなたが電車で椅子に座っていたら、次の駅でお年寄りの方が乗ってきました。あなたは、何かしますか。

〈時　間〉　適宜

〈解　答〉　省略

［2022年度出題］

学習のポイント

面接では、飾ることなく、日頃のありのままの様子を、ご自身の言葉で伝えられると良いでしょう。普段からのお子さまとの接し方や、お子さまをどのように感じているか等、ご家族の在り方を観られているように感じます。また、ご家庭の教育方針も重要視されていますので、しっかりとしたお考えをお話できると良いと思います。ただ、今年は、保護者の方のどちらが答えても良い、とのことでした。こういう場合を想定し、事前にしっかりとお話をされておかないと、当日お顔を見合わせてしまうばかりになります。お子さまの面接は、１対１で行われ、挨拶、お行儀、言葉遣いなど、基本的な生活習慣を観られています。お子さまを通して、ペーパーでは測ることができないご家庭像を面接で伺っています。

【おすすめ問題集】

面接テスト問題集、入試面接最強マニュアル

☆淑徳小学校

問題 1

①

②

③

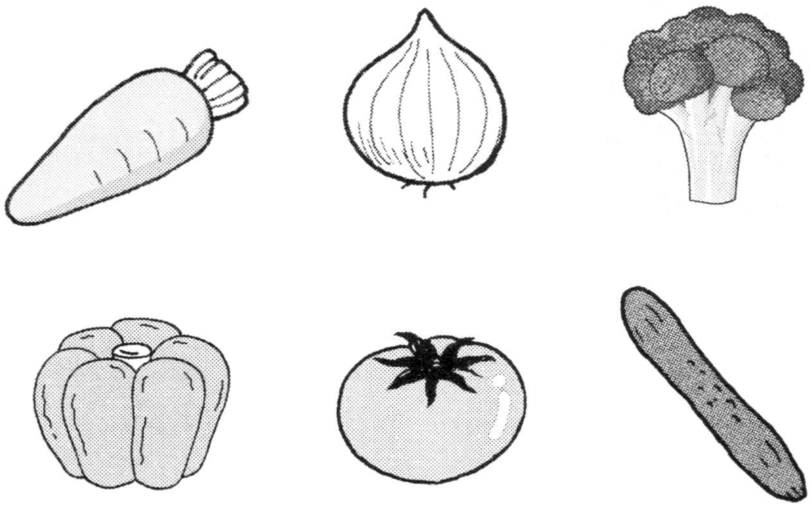

④

☆淑徳小学校

2024年度 淑徳・宝仙 過去　無断複製/転載を禁ずる　日本学習図書株式会社

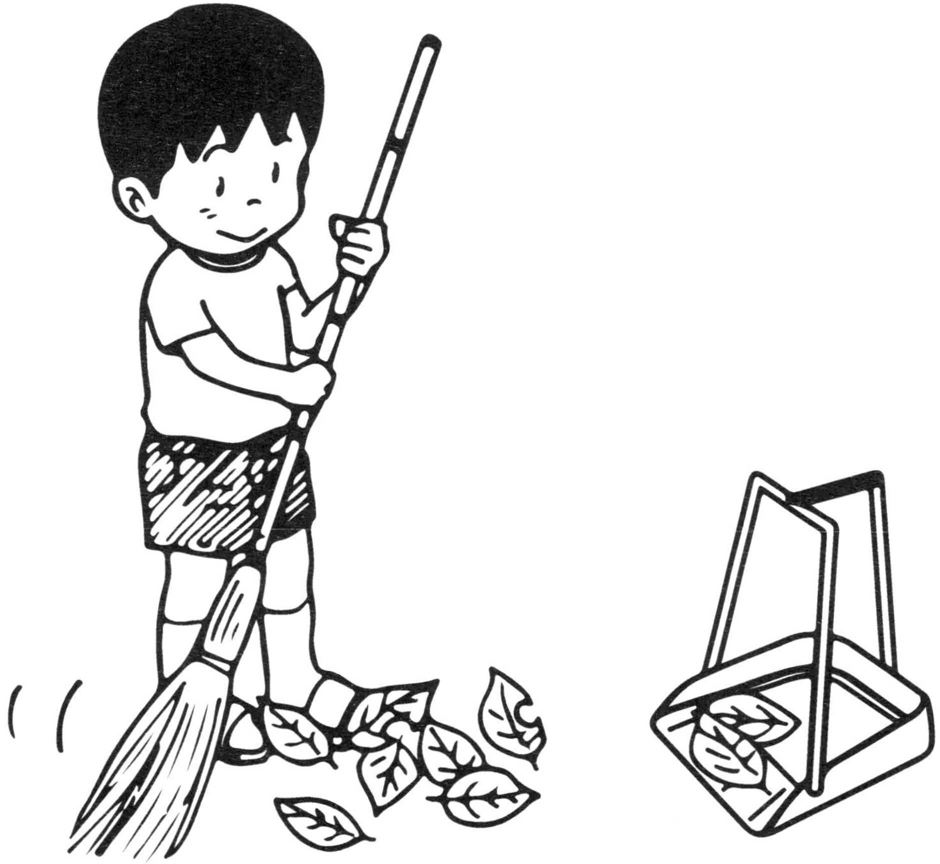

☆淑徳小学校

問題２－２

①

②

③

問題3

☆淑徳小学校

①

②

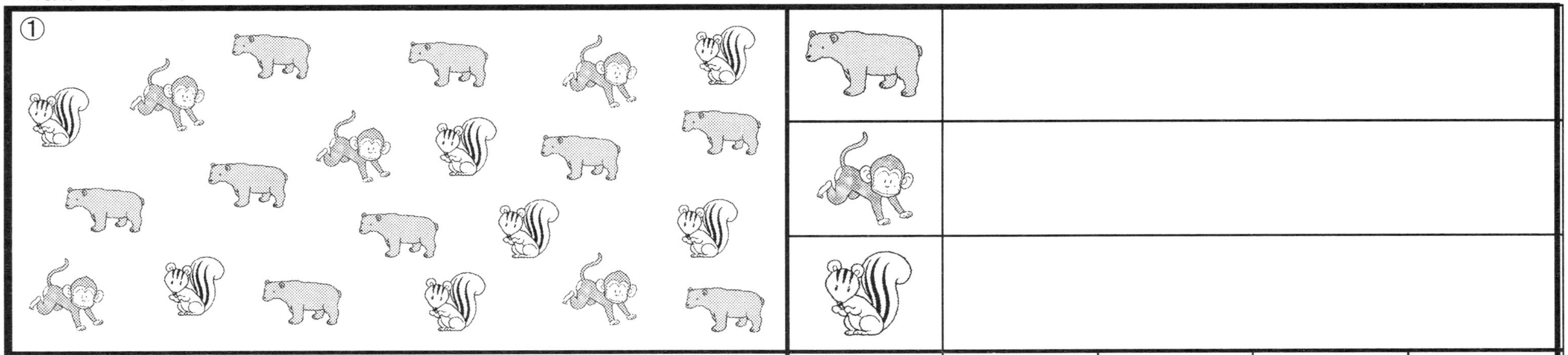

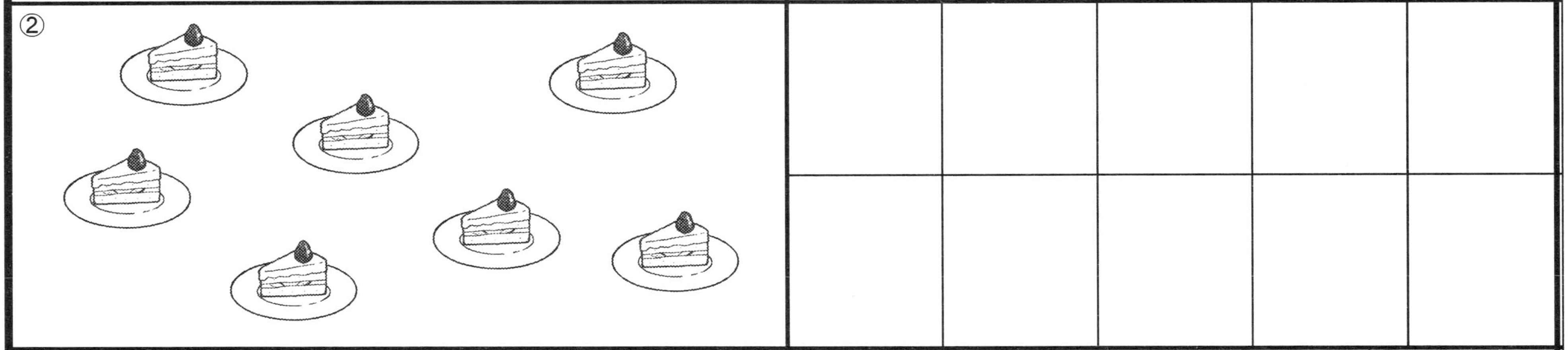

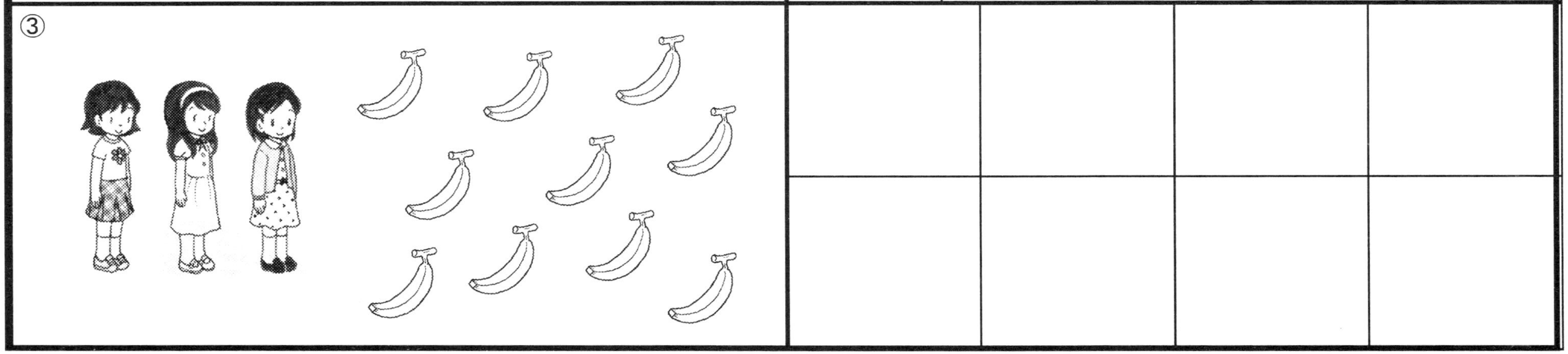

☆淑徳小学校

2024 年度 淑徳・宝仙 過去 無断複製／転載を禁ずる　日本学習図書株式会社

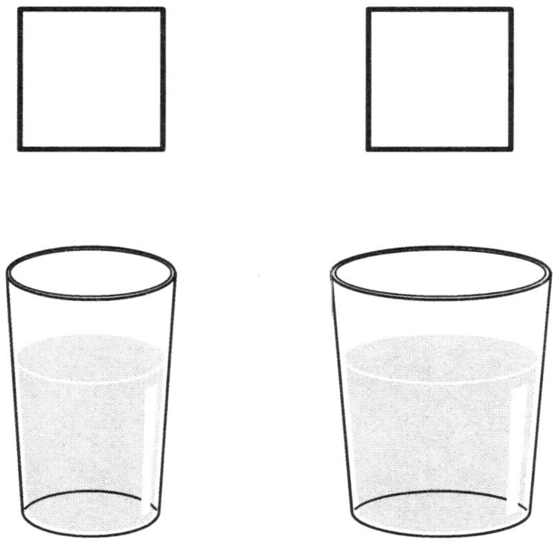

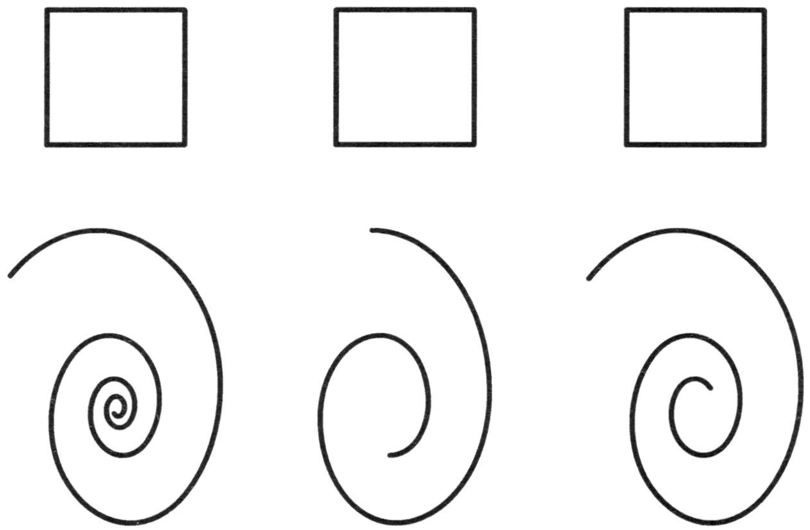

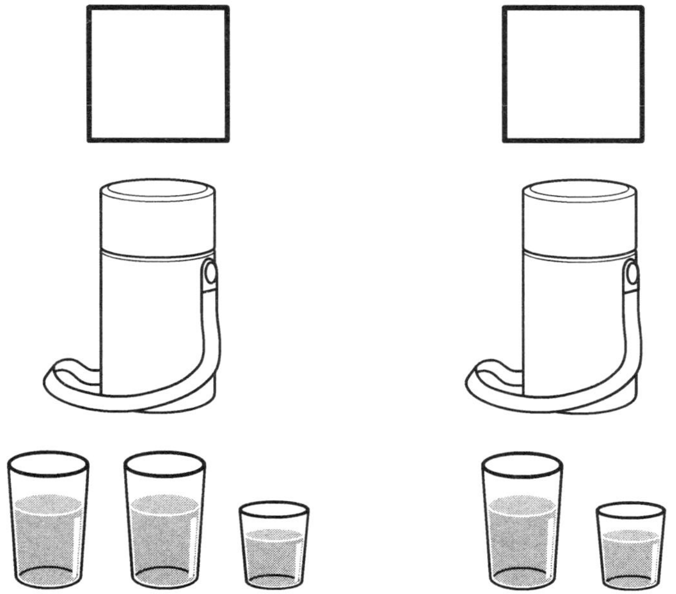

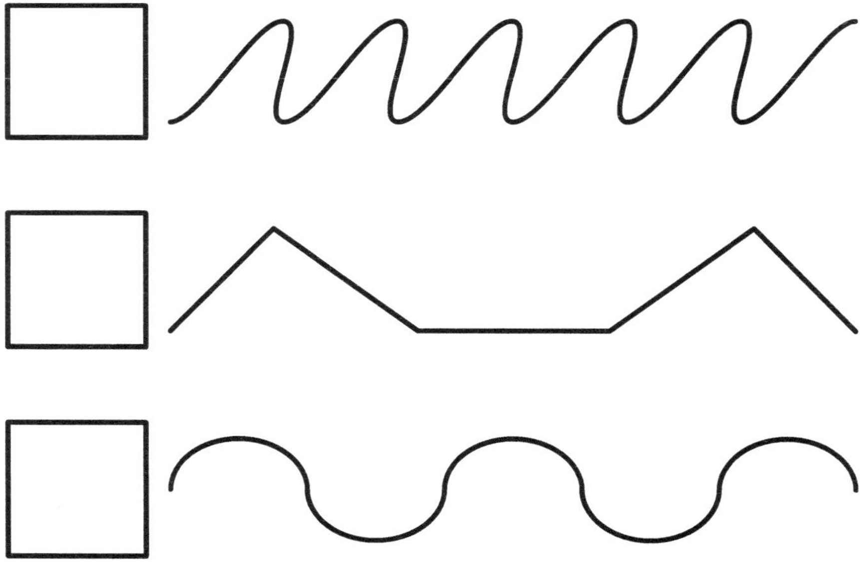

☆淑徳小学校

問題6

①

②

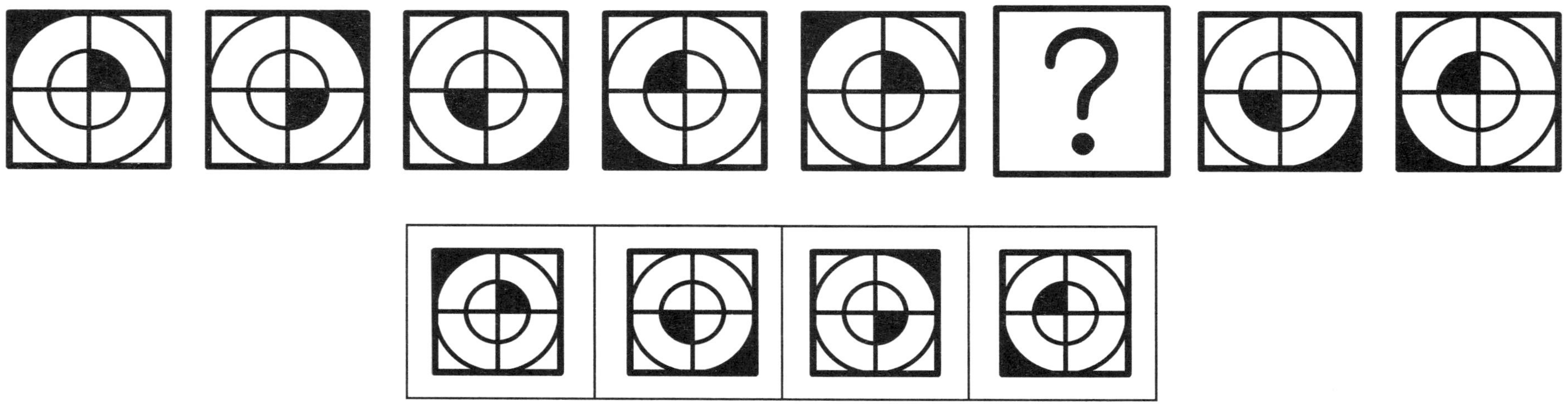

日本学習図書株式会社

問題 7

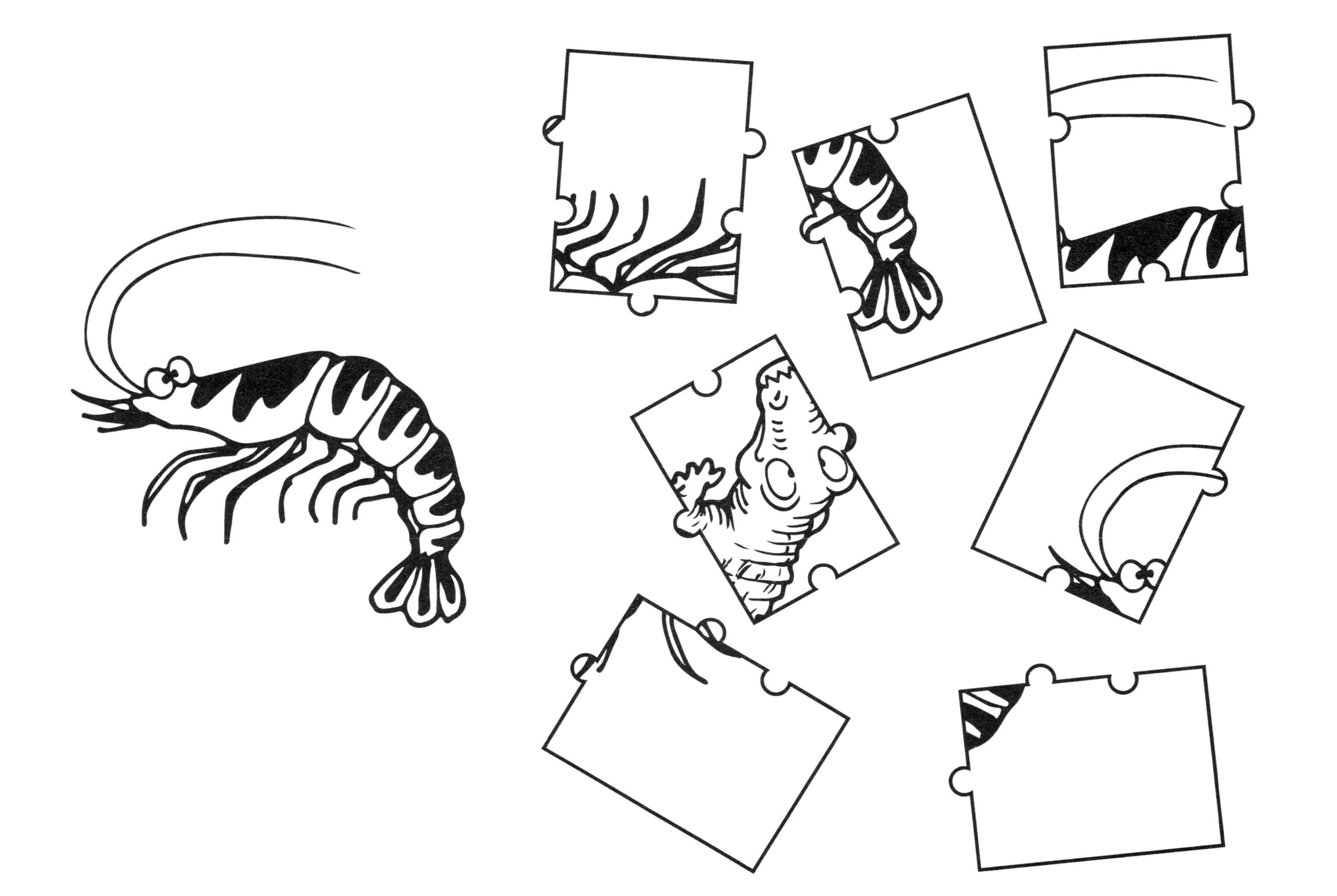

問題 8

①

②

③

④

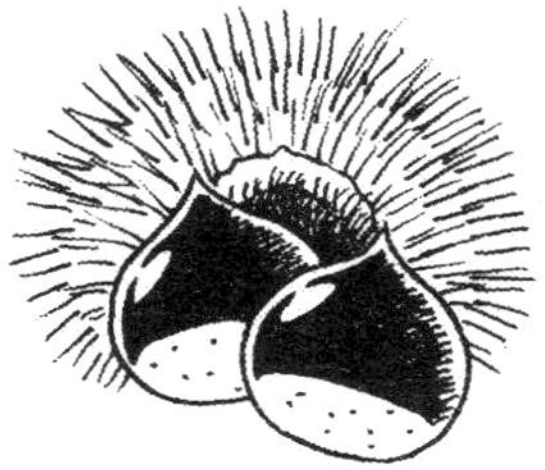

☆淑徳小学校

問題9

①

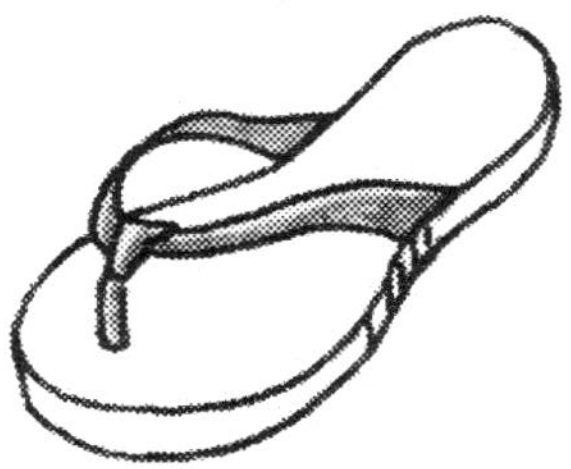

②

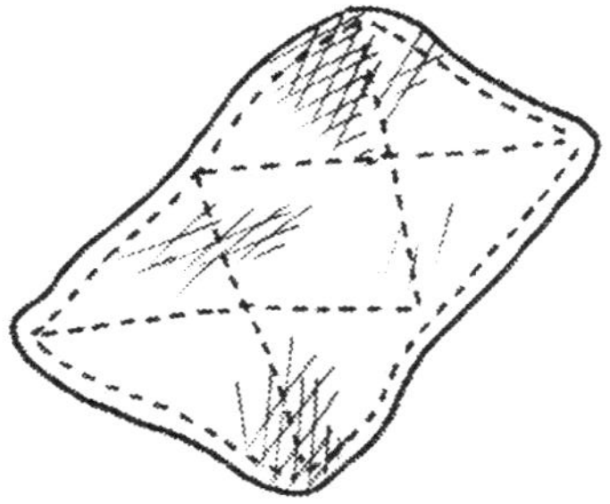

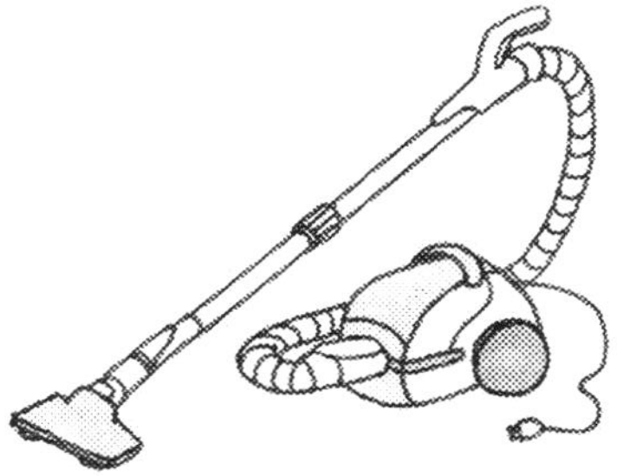
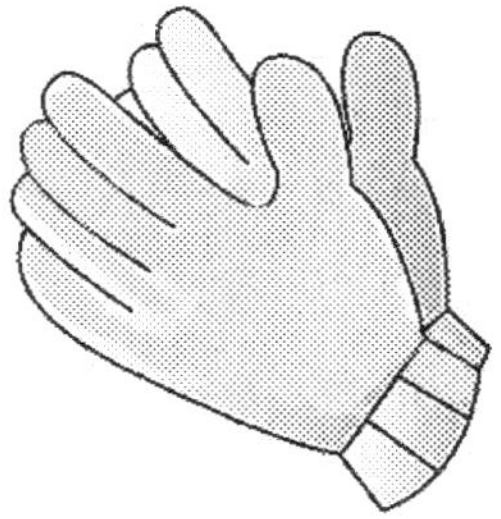

③

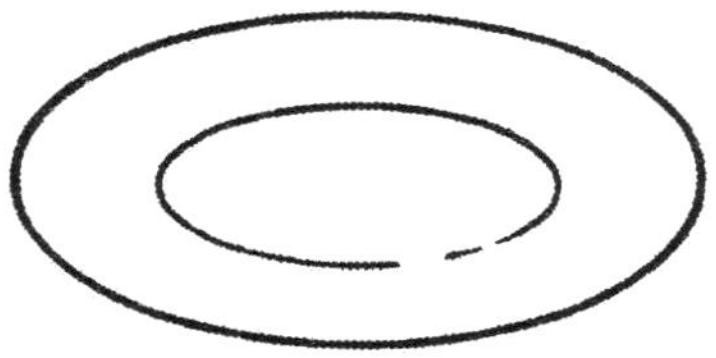
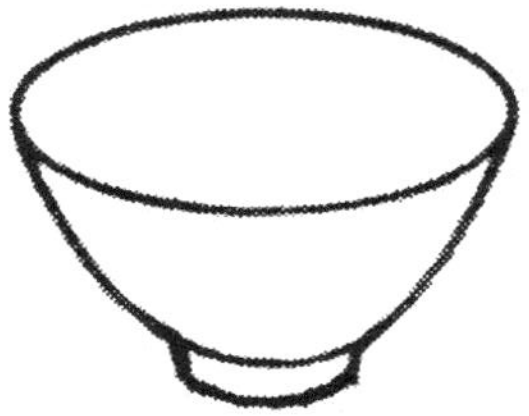
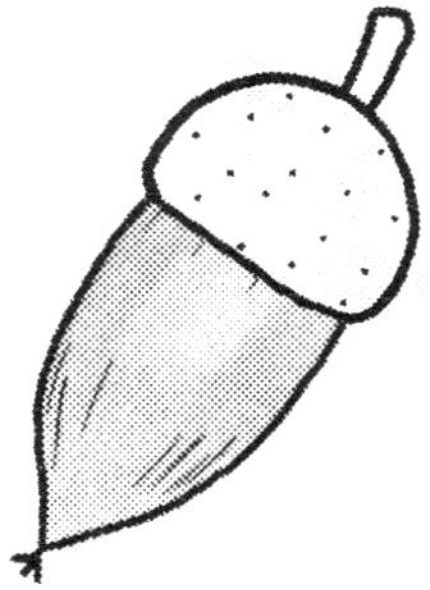

☆淑徳小学校

2024 年度 淑徳・宝仙 過去　無断複製／転載を禁ずる　日本学習図書株式会社

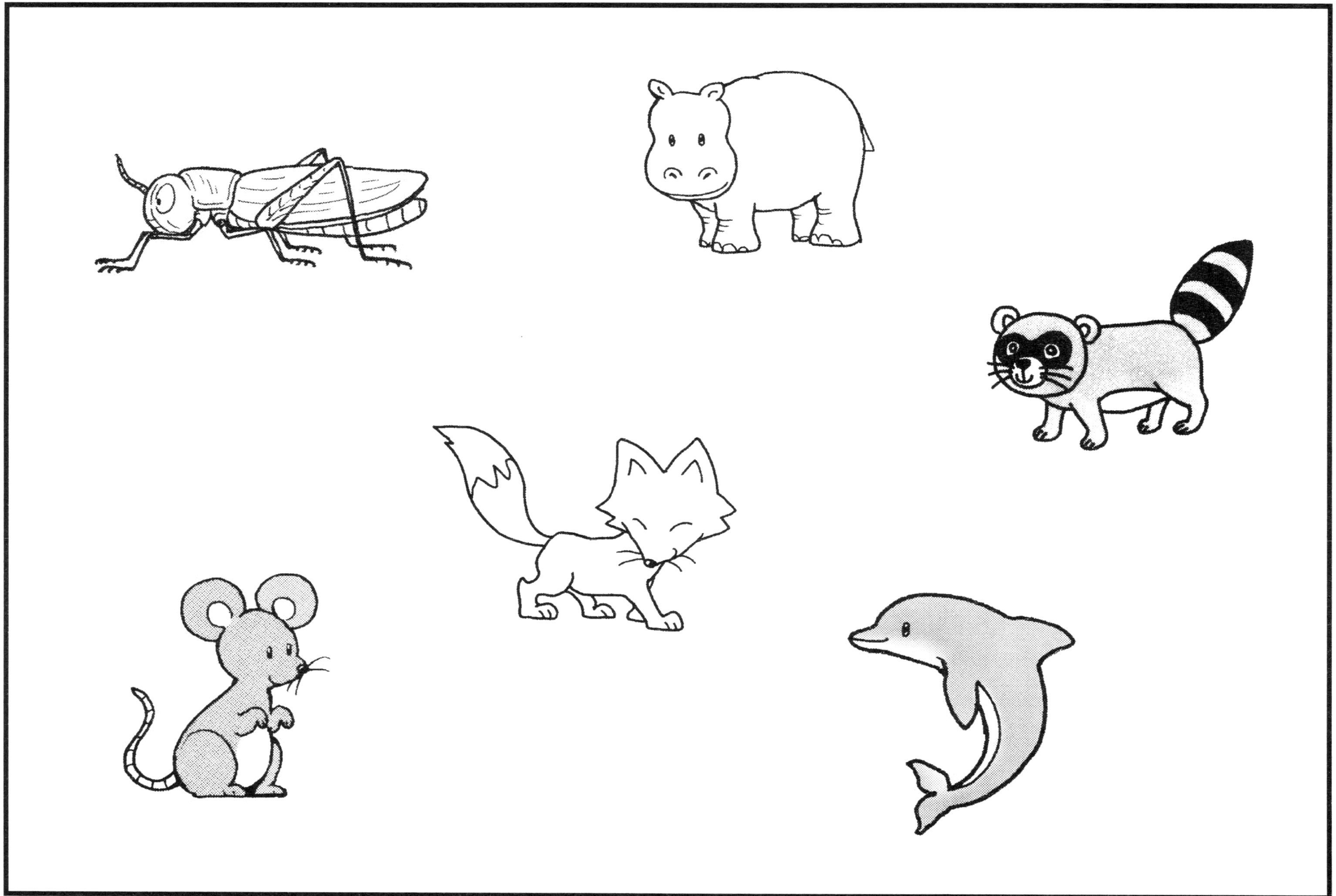

問題１３

①

②

③

④

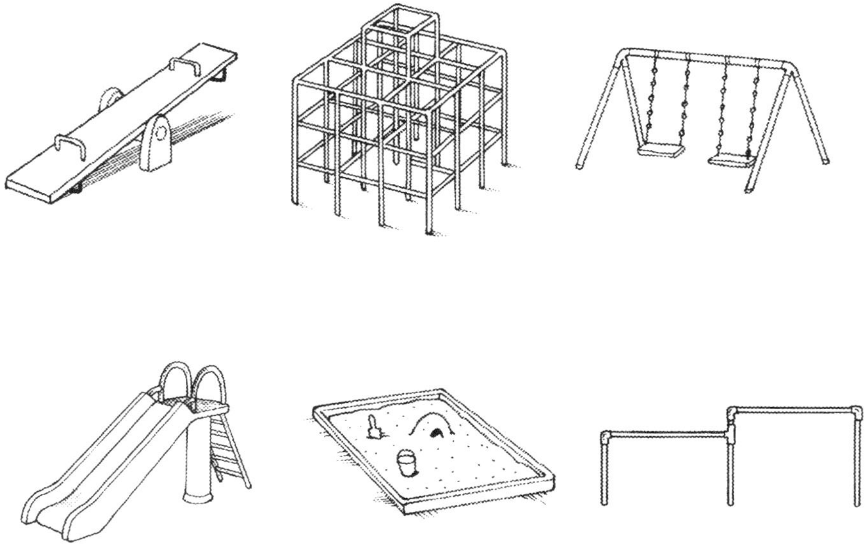

⑤

日本学習図書株式会社

☆淑徳小学校

2024年度 淑徳・宝仙 過去 無断複製／転載を禁ずる 日本学習図書株式会社

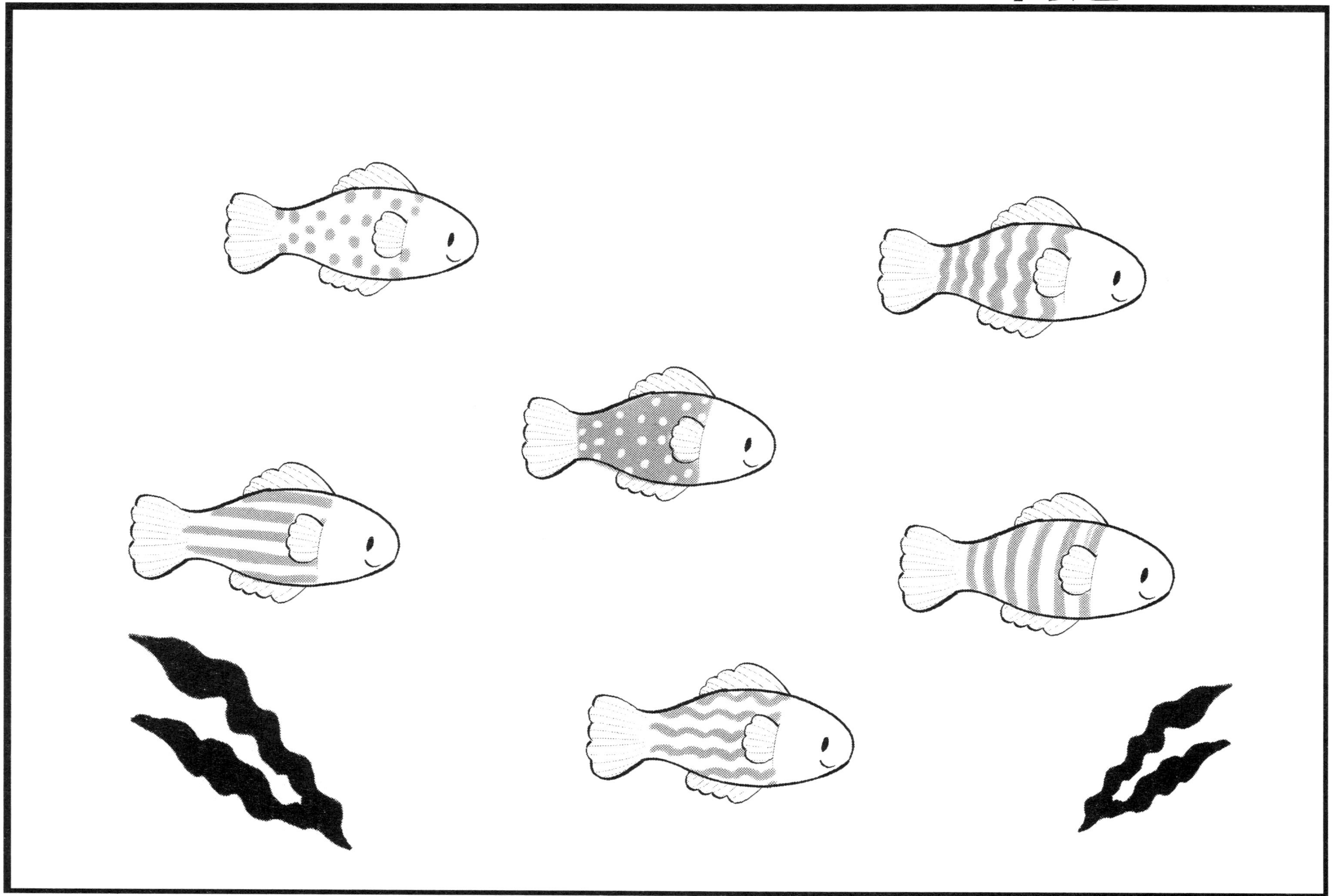

☆淑徳小学校

2024 年度　淑徳・宝仙　過去　無断複製／転載を禁ずる　　　日本学習図書株式会社

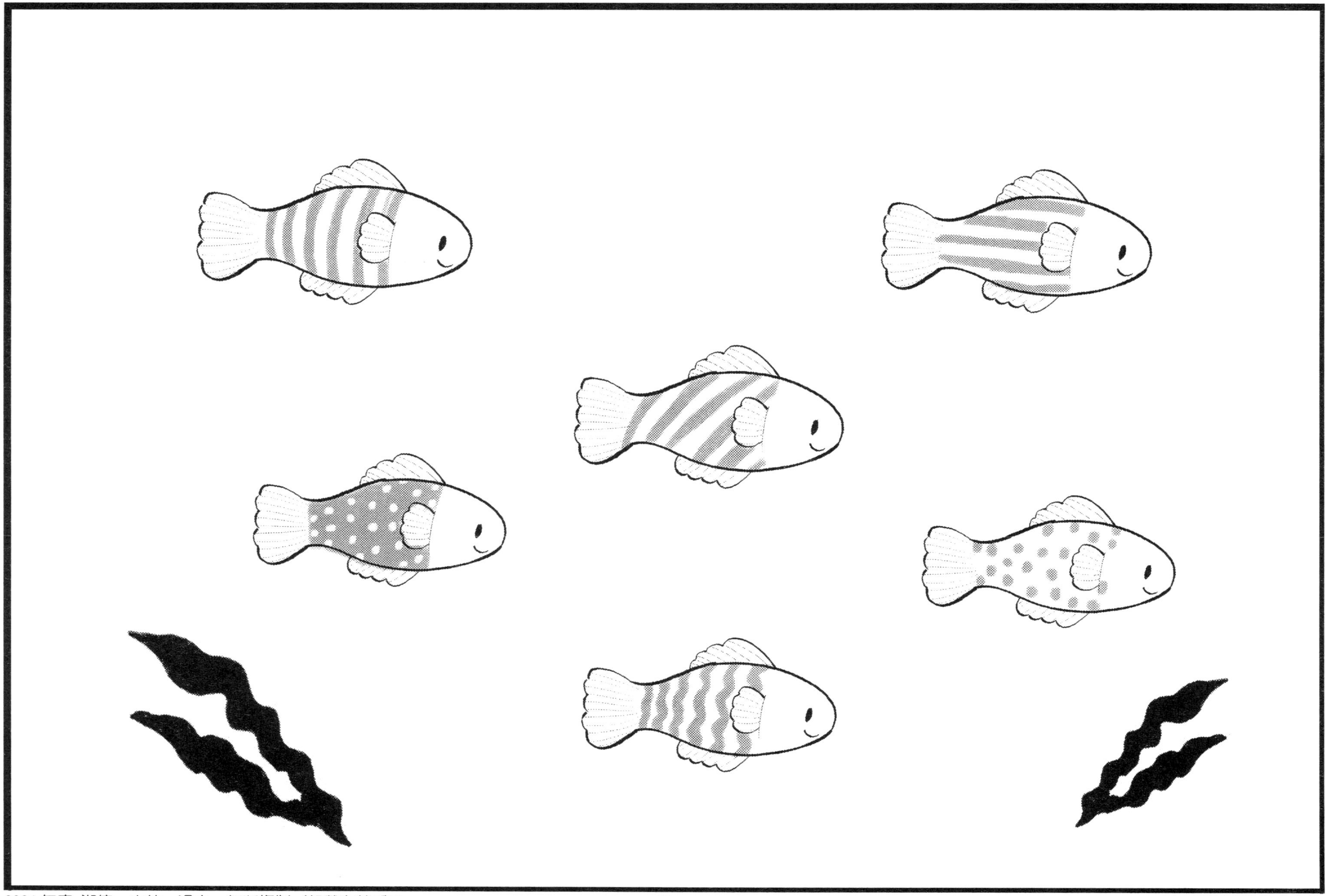

☆淑徳小学校

問題15－1

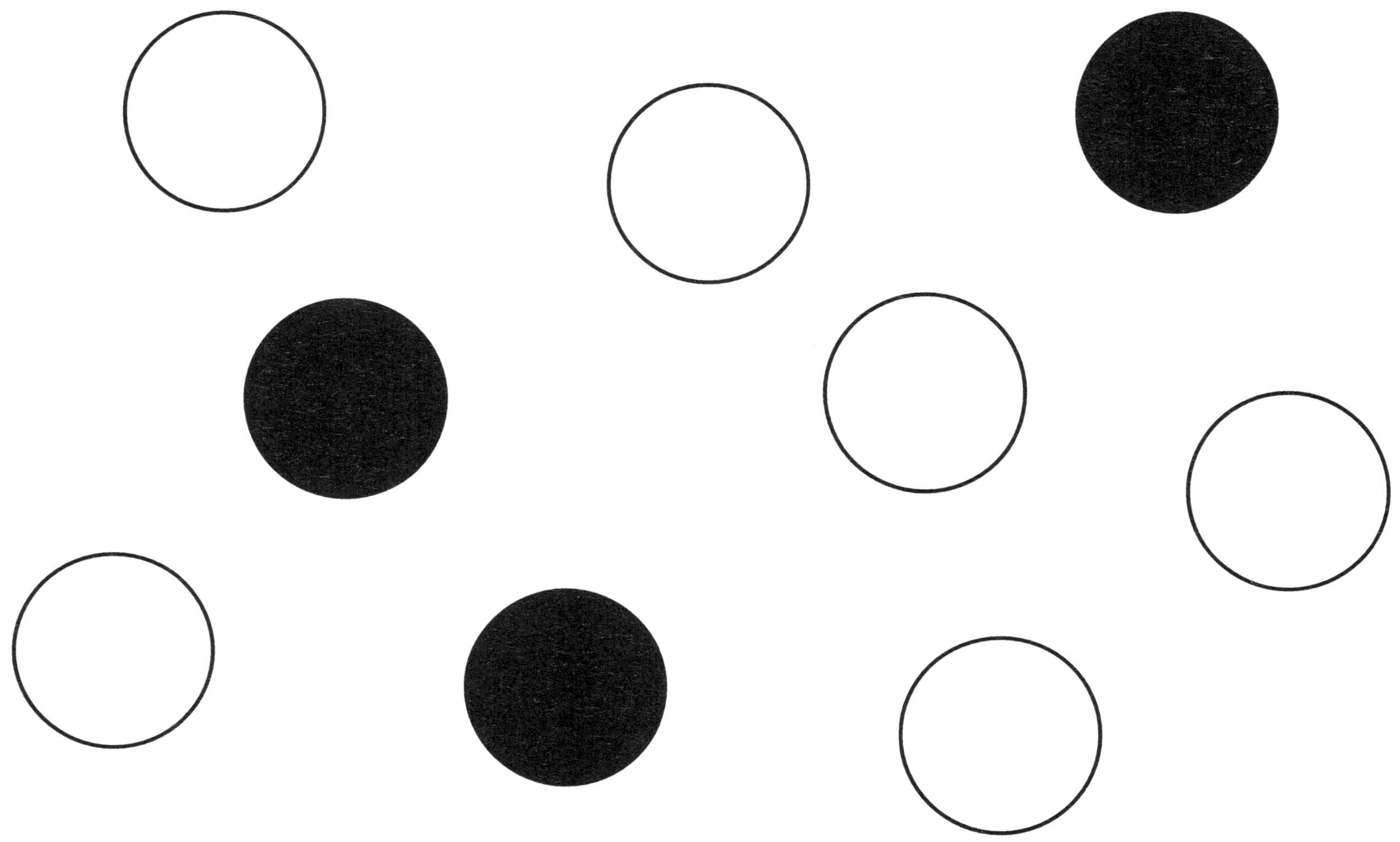

☆淑徳小学校

2024年度 淑徳・宝仙 過去 無断複製／転載を禁ずる 日本学習図書株式会社

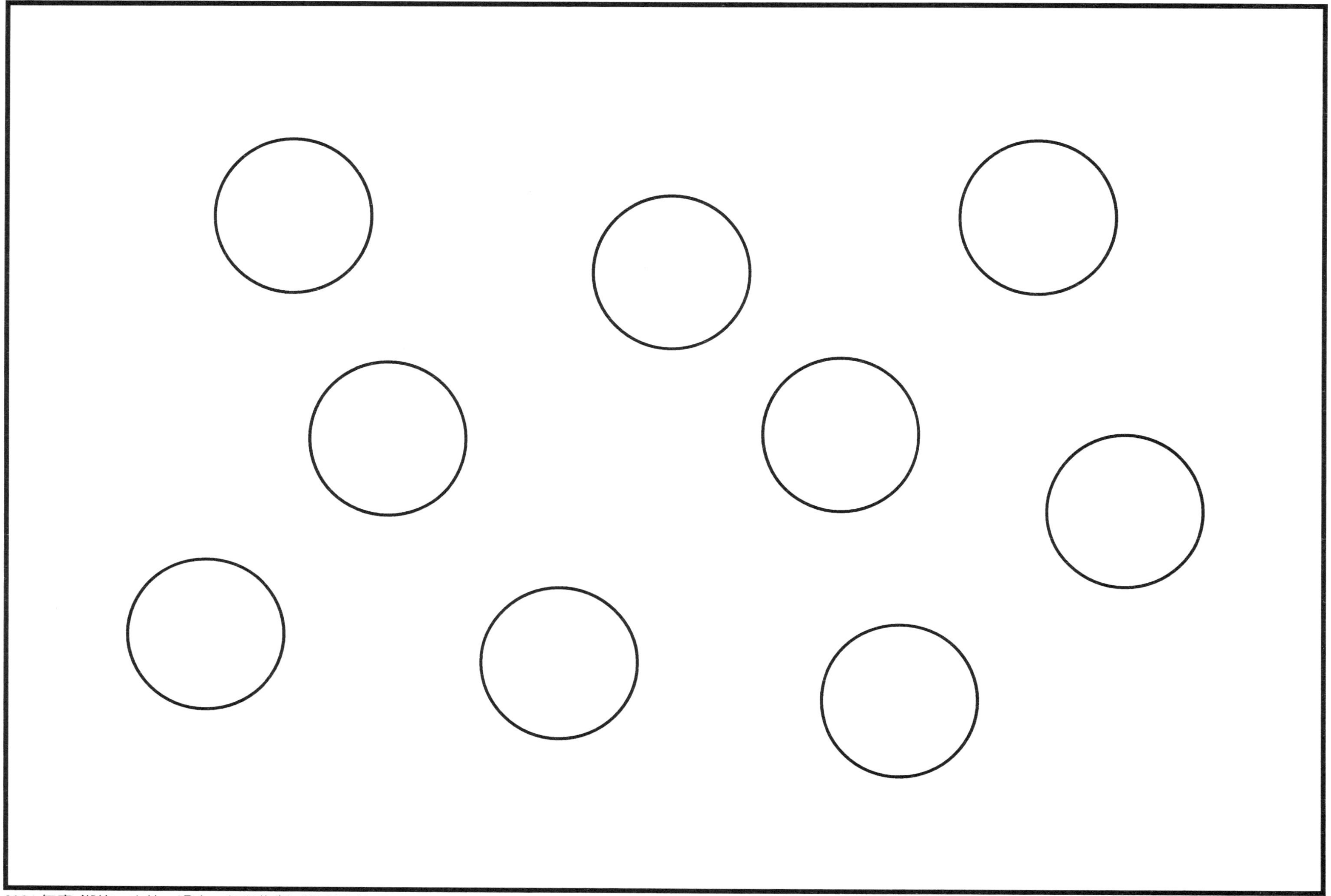

問題１６

クマ											
ゾウ											
ウサギ											

問題１７

①

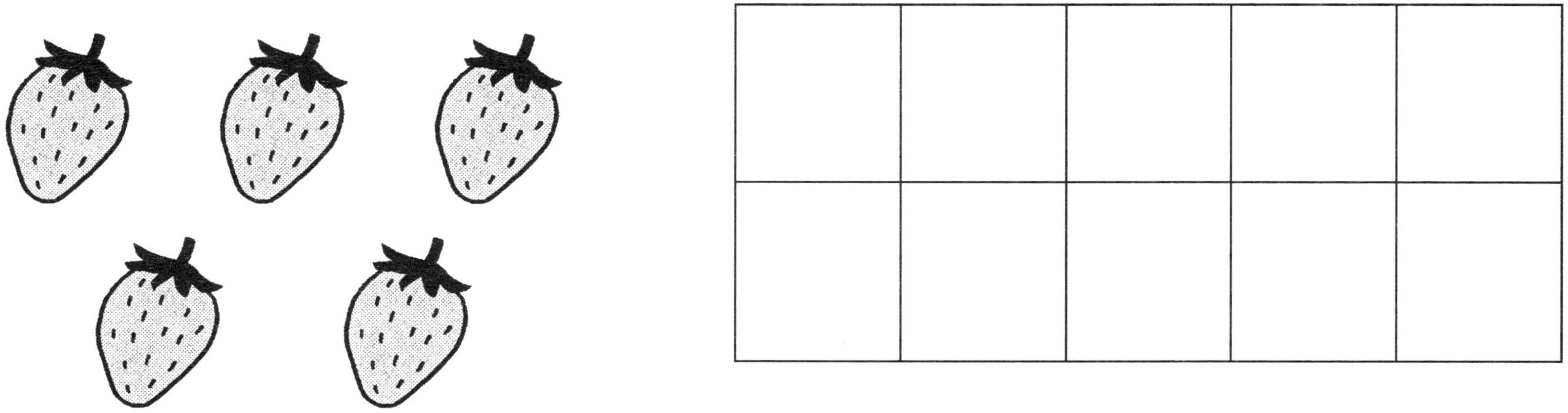

②

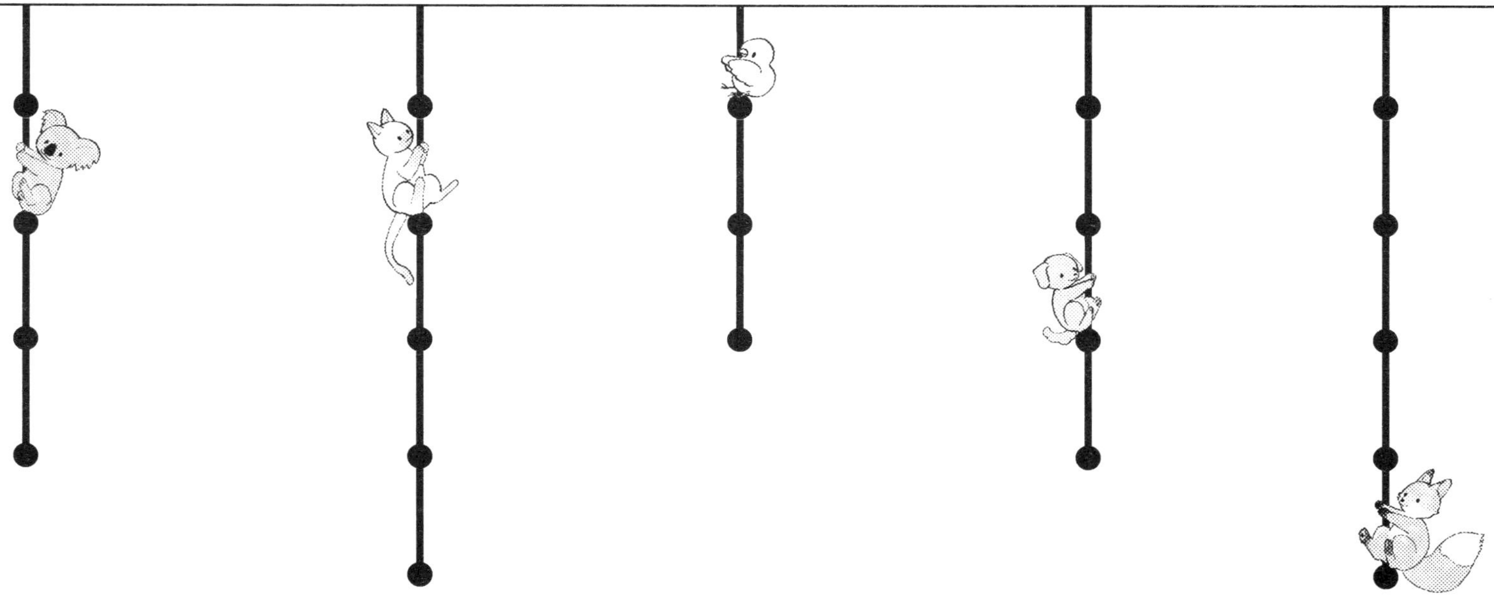

日本学習図書株式会社

☆淑徳小学校

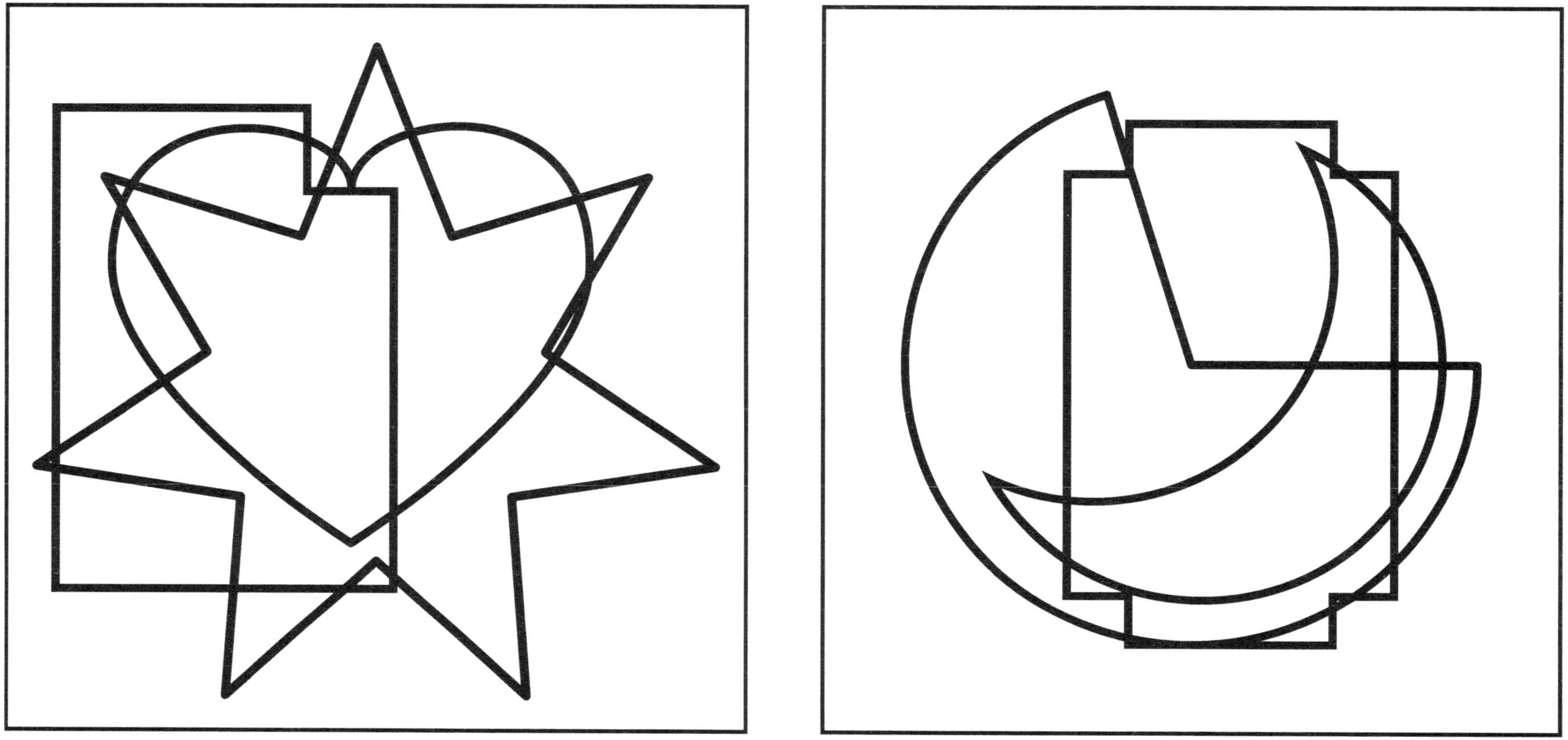

問題１９

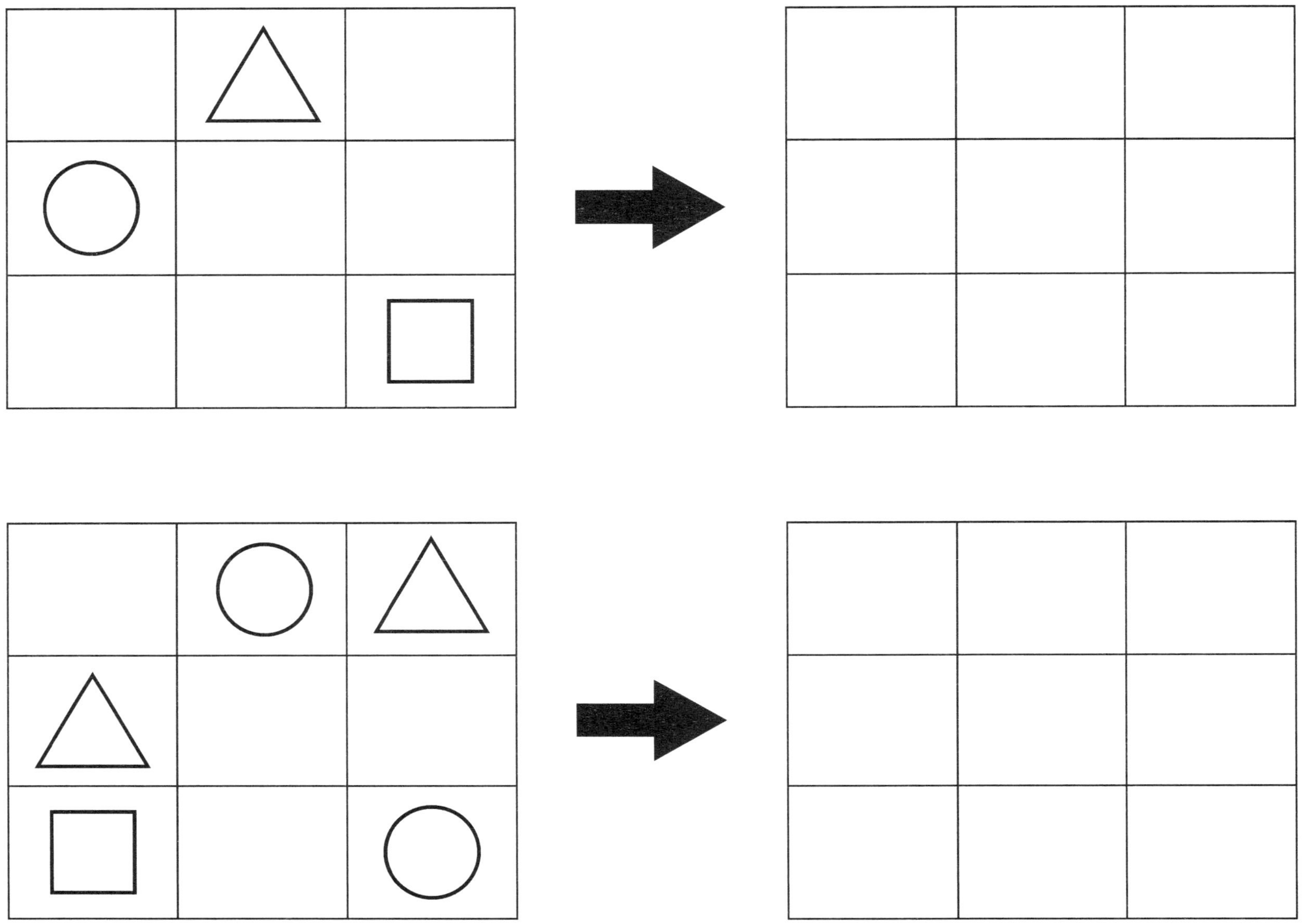

☆淑徳小学校

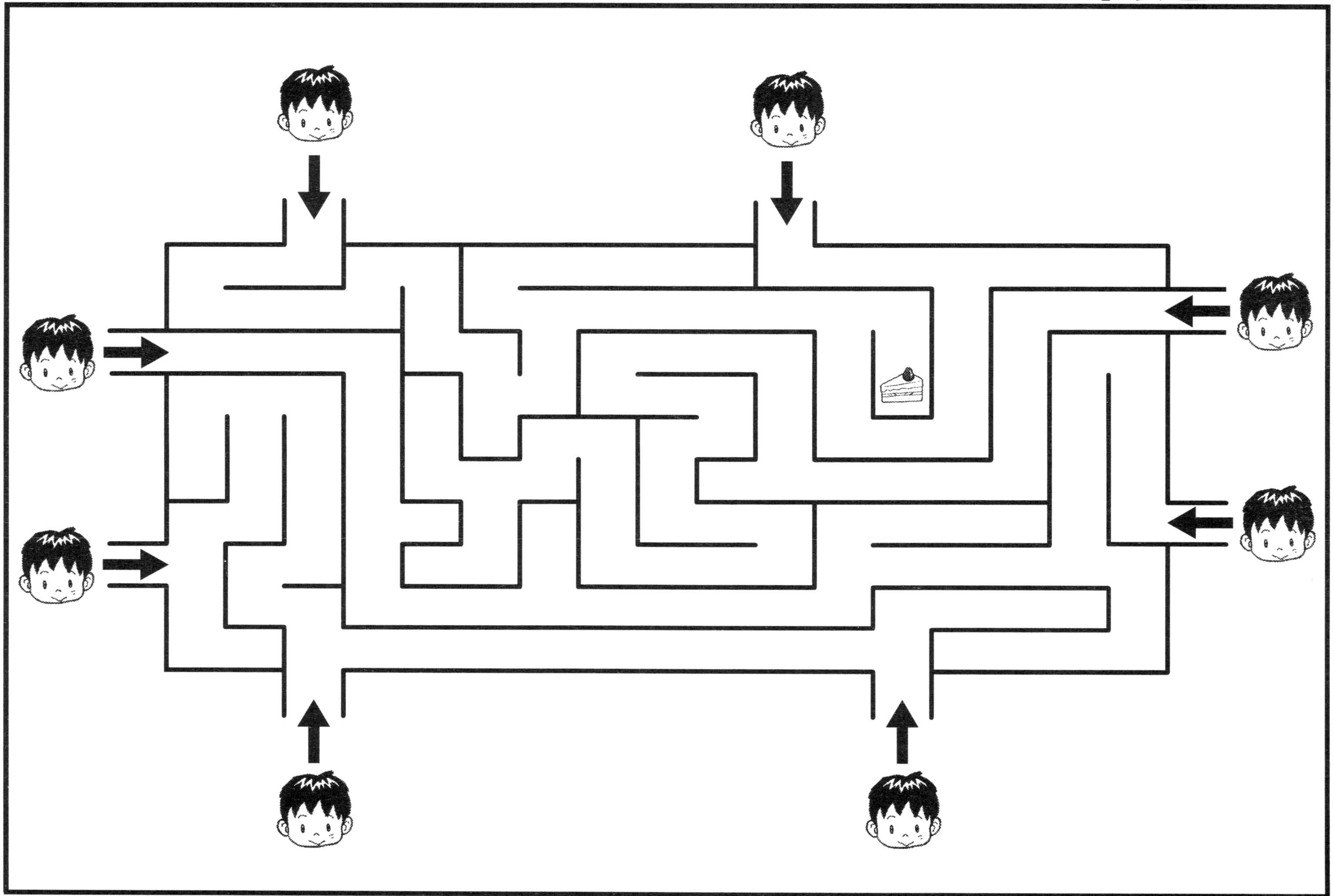

☆淑徳小学校

問題２１

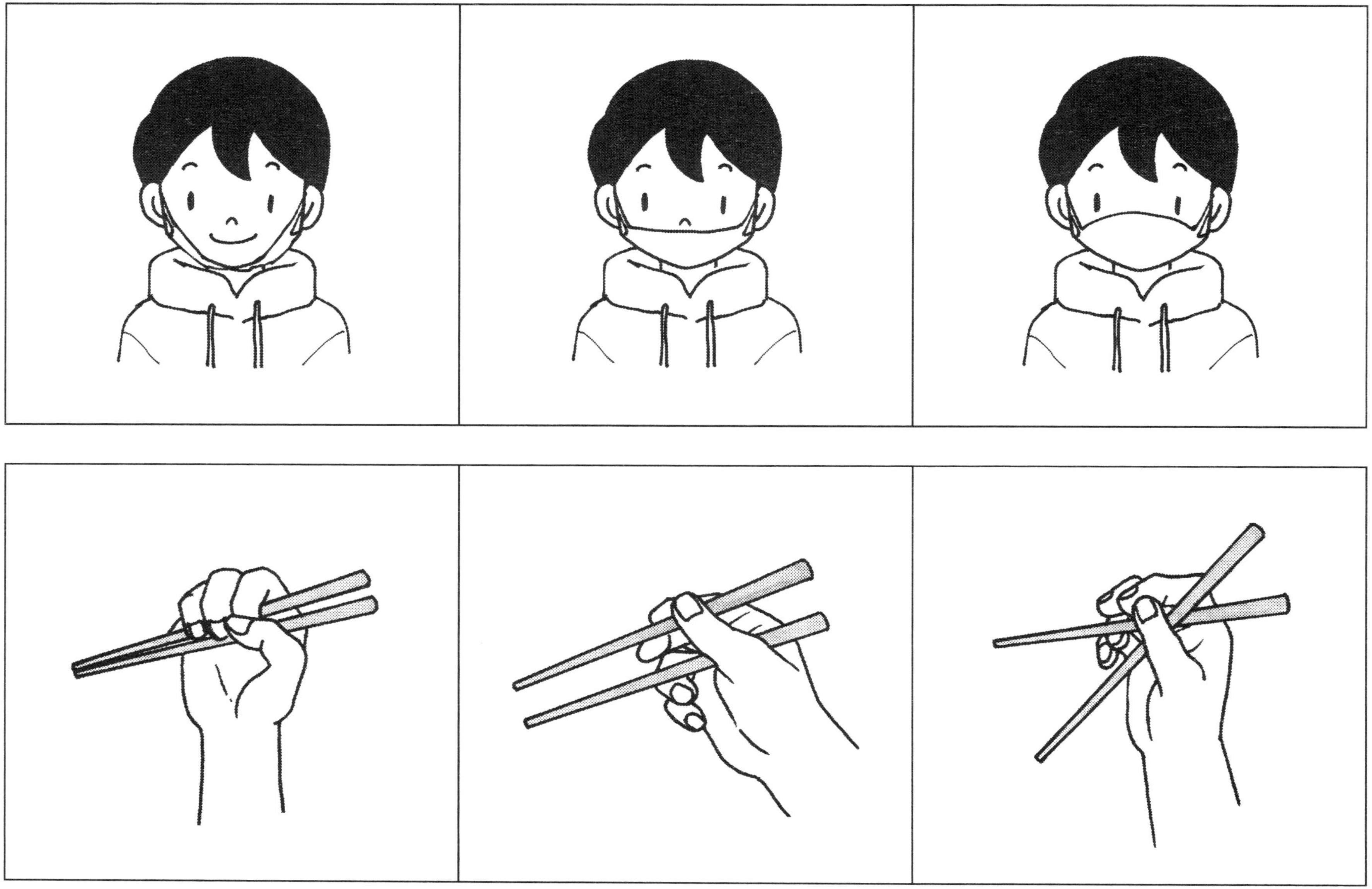

☆淑徳小学校

2024 年度 淑徳・宝仙 過去 無断複製／転載を禁ずる 日本学習図書株式会社

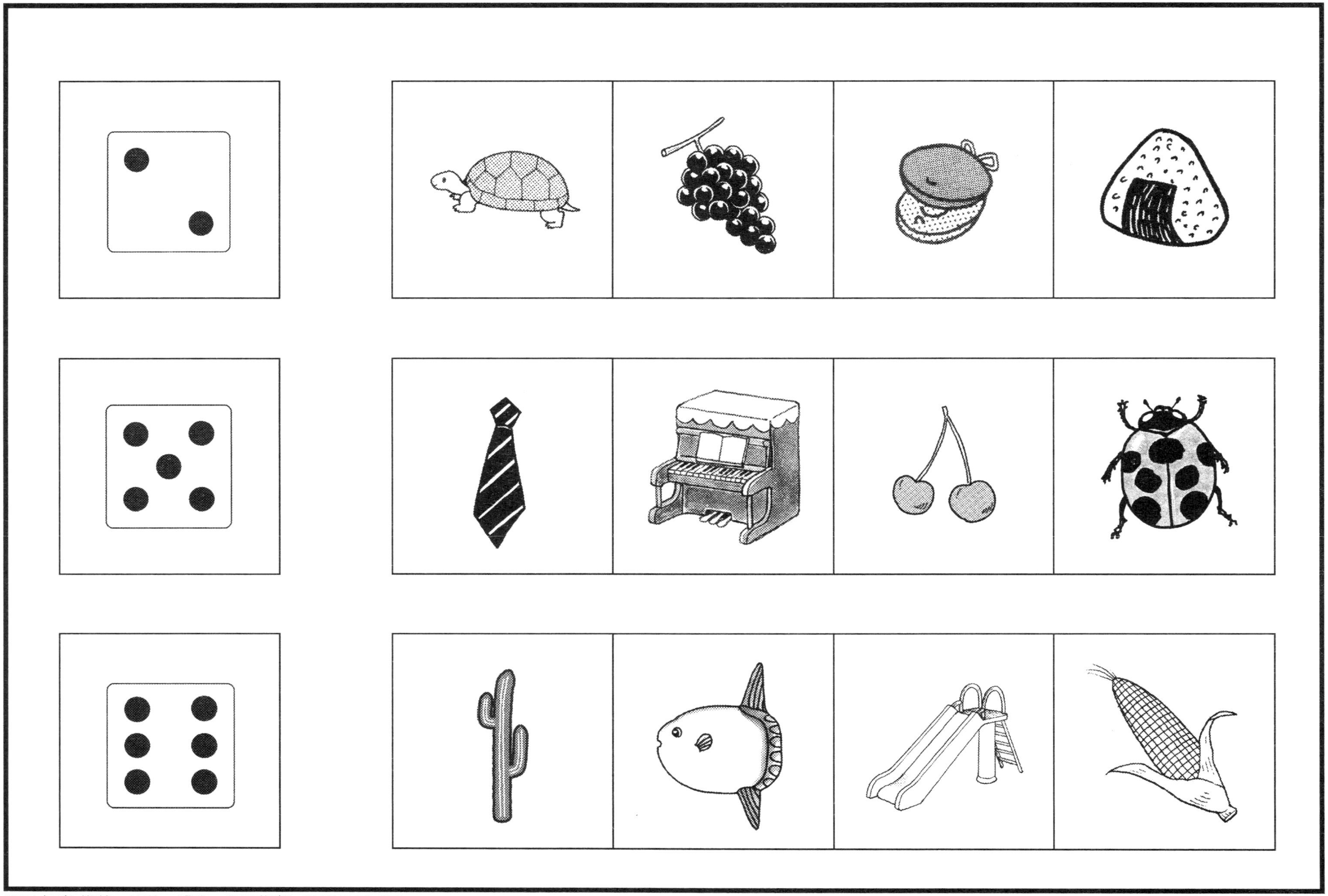

問題 2 3

☆淑徳小学校

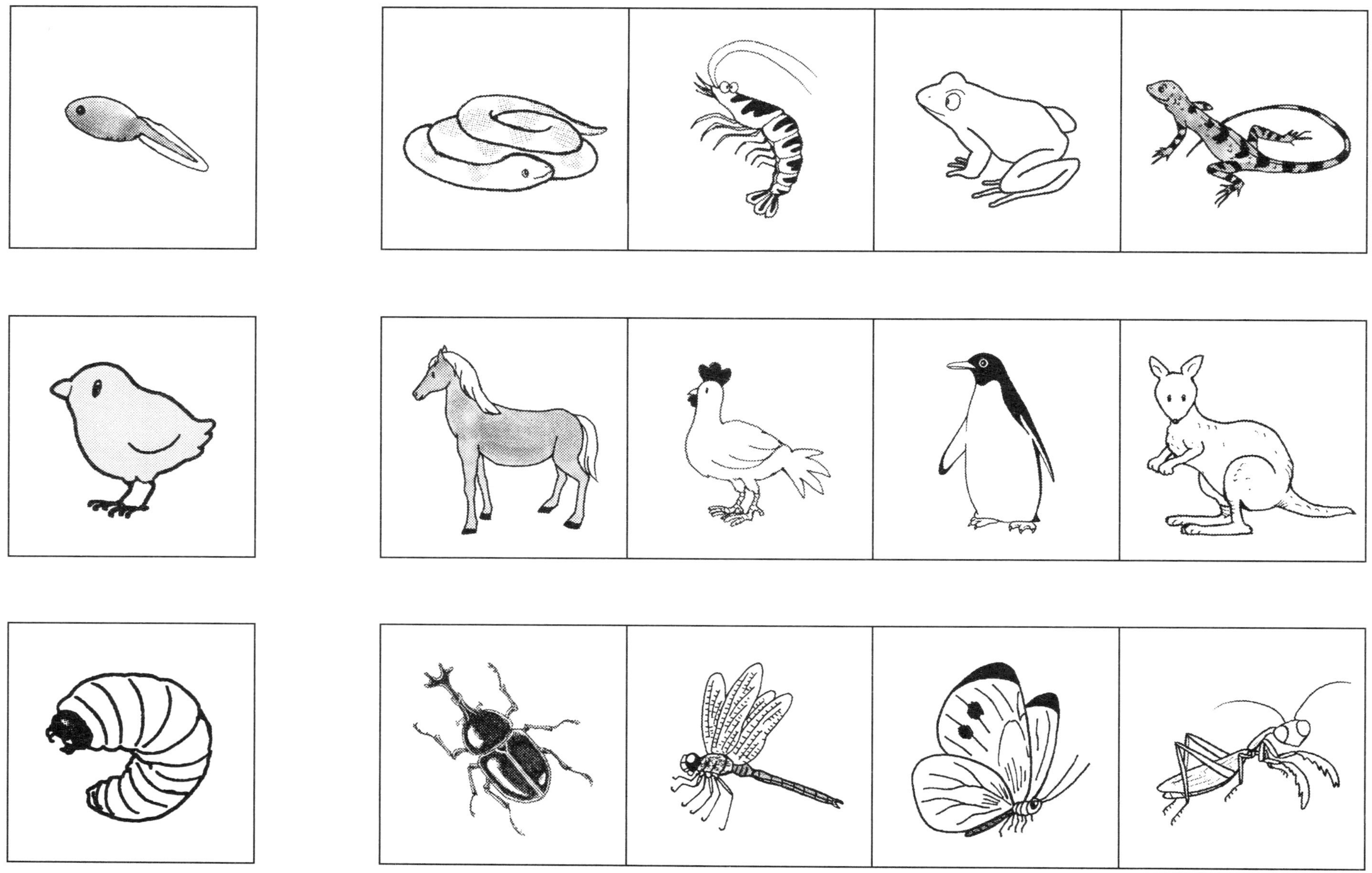

問題26－1

☆宝仙学園小学校

問題２６－２

問題２７－１

問題２７－２

　

☆宝仙学園小学校

2024年度　淑徳・宝仙　過去　無断複製／転載を禁ずる　　日本学習図書株式会社

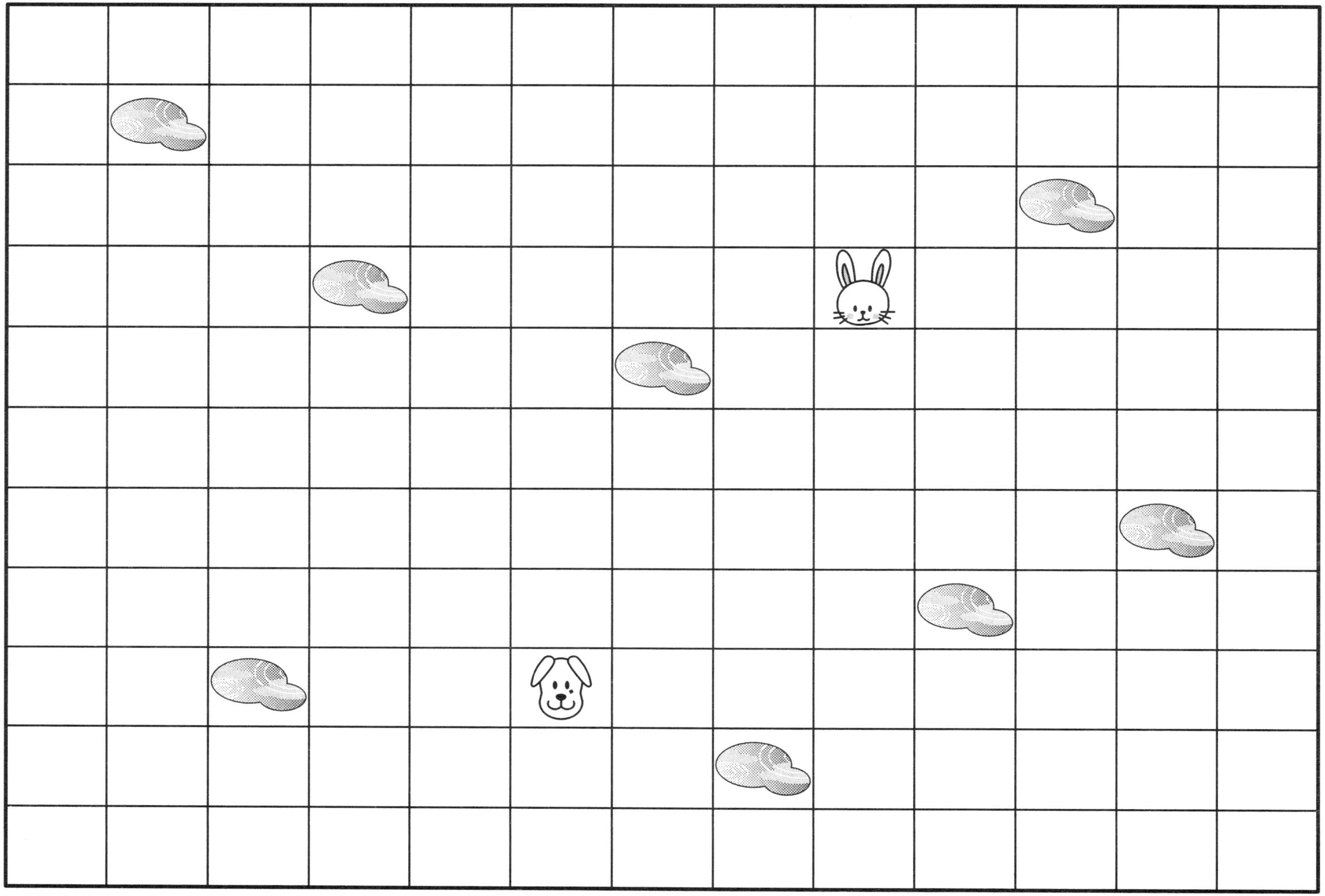

☆宝仙学園小学校

問題２９

日本学習図書株式会社

問題30

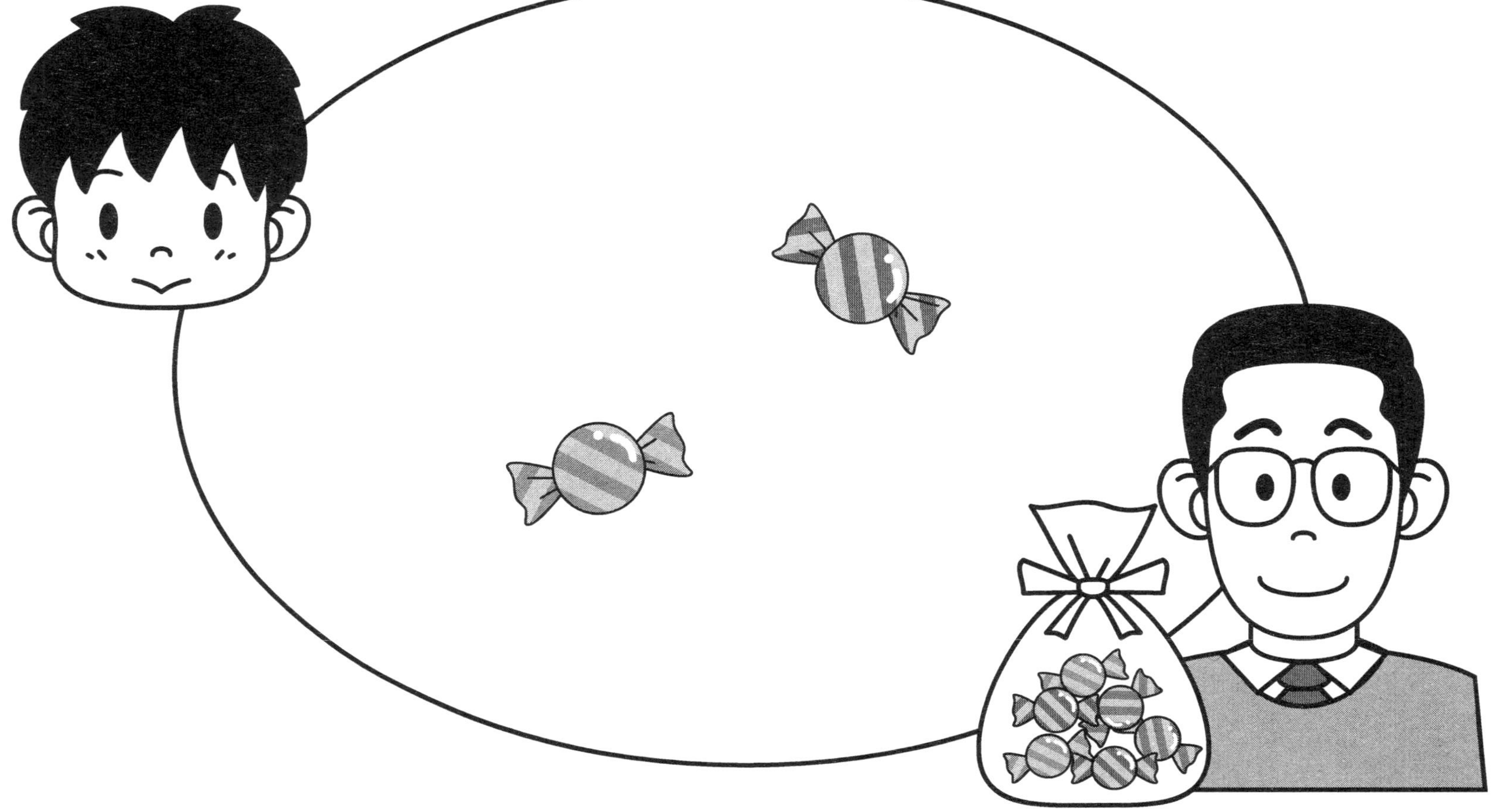

☆宝仙学園小学校

問題31

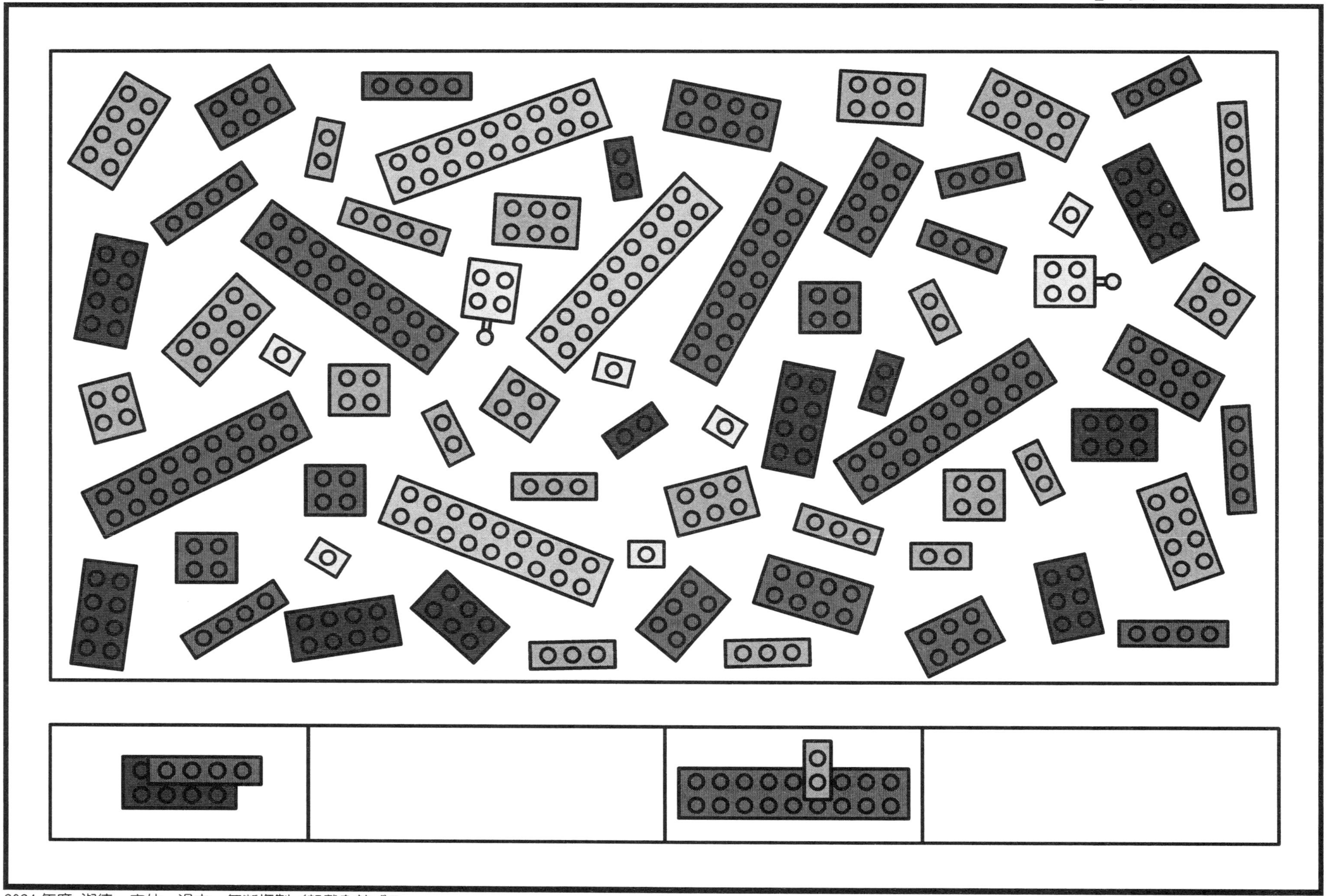

☆宝仙学園小学校

2024 年度 淑徳・宝仙 過去 無断複製/転載を禁ずる 日本学習図書株式会社

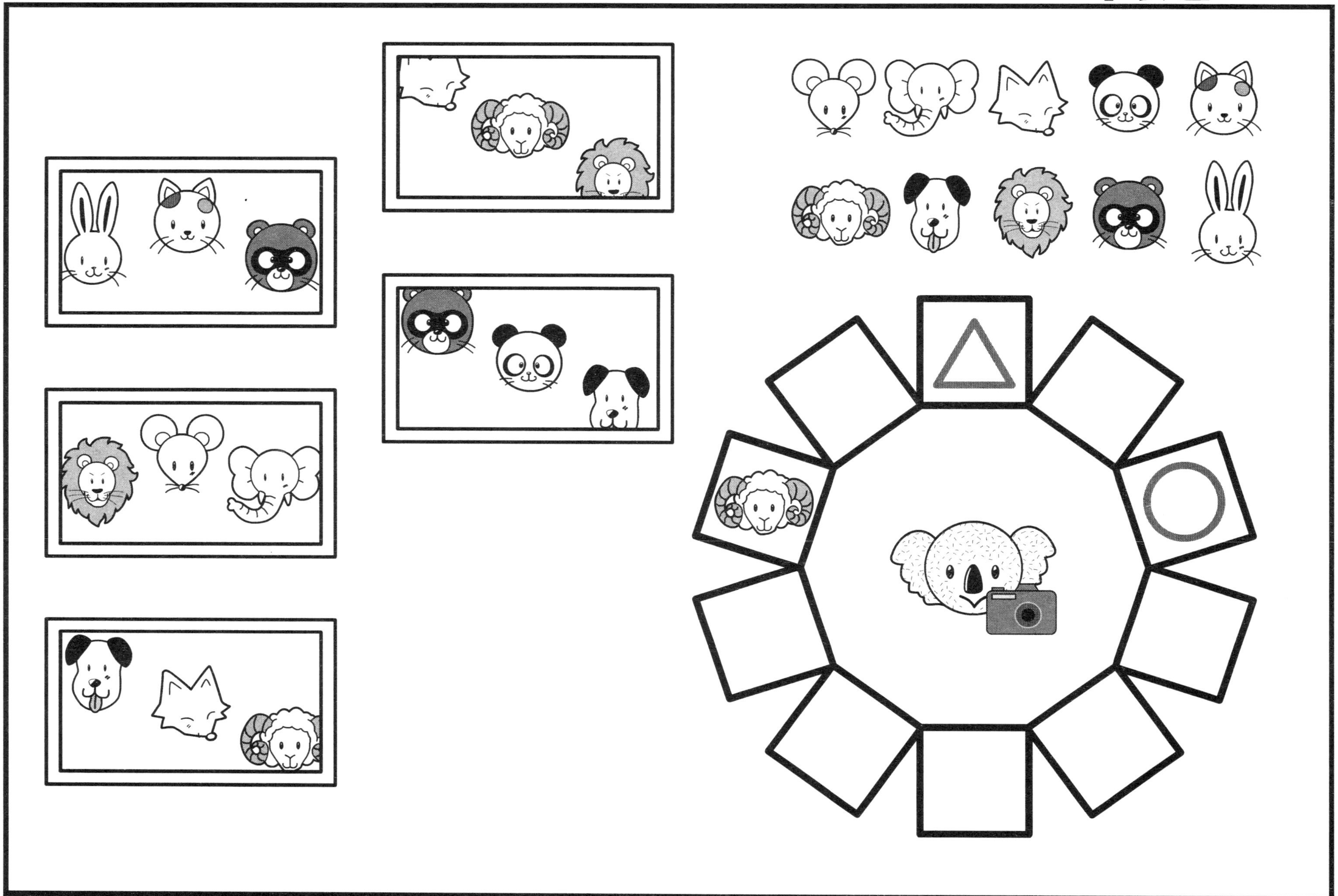

☆宝仙学園小学校

問題３３

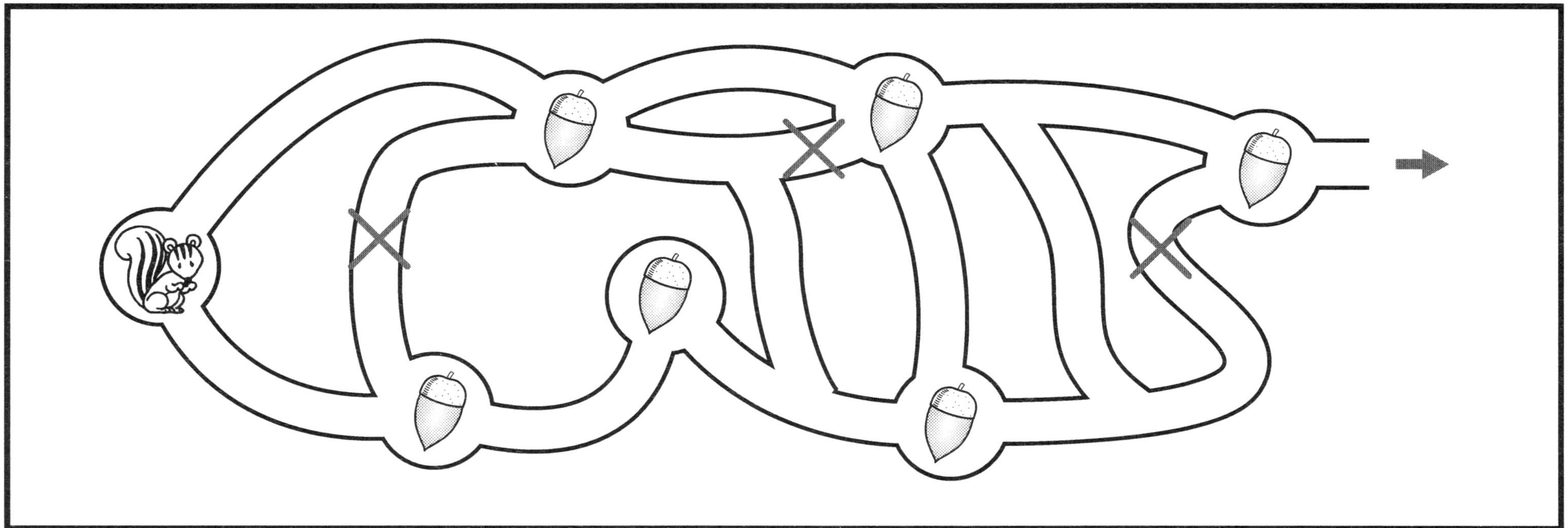

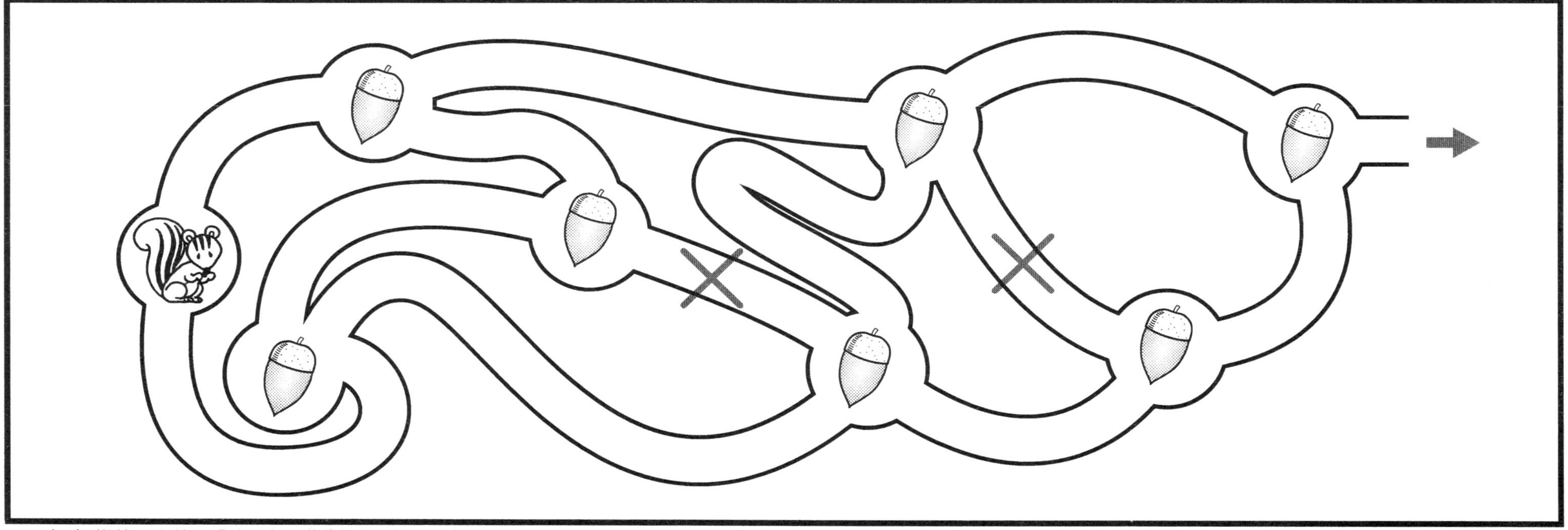

問題３４

① ももたろうの　おはなしで　さいごに　なかまになった　どうぶつに　まるを　つけましょう。

いぬ	たぬき	うさぎ	きじ	さる

② おともだちの　おうちに　いったときに　はじめにいう　あいさつに　まるを　つけましょう。

ごちそうさま	いただきます	おじゃまします	さようなら

③ むしではないものを　ふたつ　みつけて　ばつを　つけましょう。

せみ	からす	こおろぎ	とんぼ	うぐいす

④ しりとりをします。　こいいろで　ぬられたしかくに　はいるものに　さんかくを、うすくぬられた　しかくに　はいるものに　まるを　つけましょう。

りんご→□→■→□→すいか→▒→□→まど

ごりら	らっぱ	ごま	からす	すずめ	くま
りす	しまうま	かかし	しか	まつり	すいとう

問題35－1

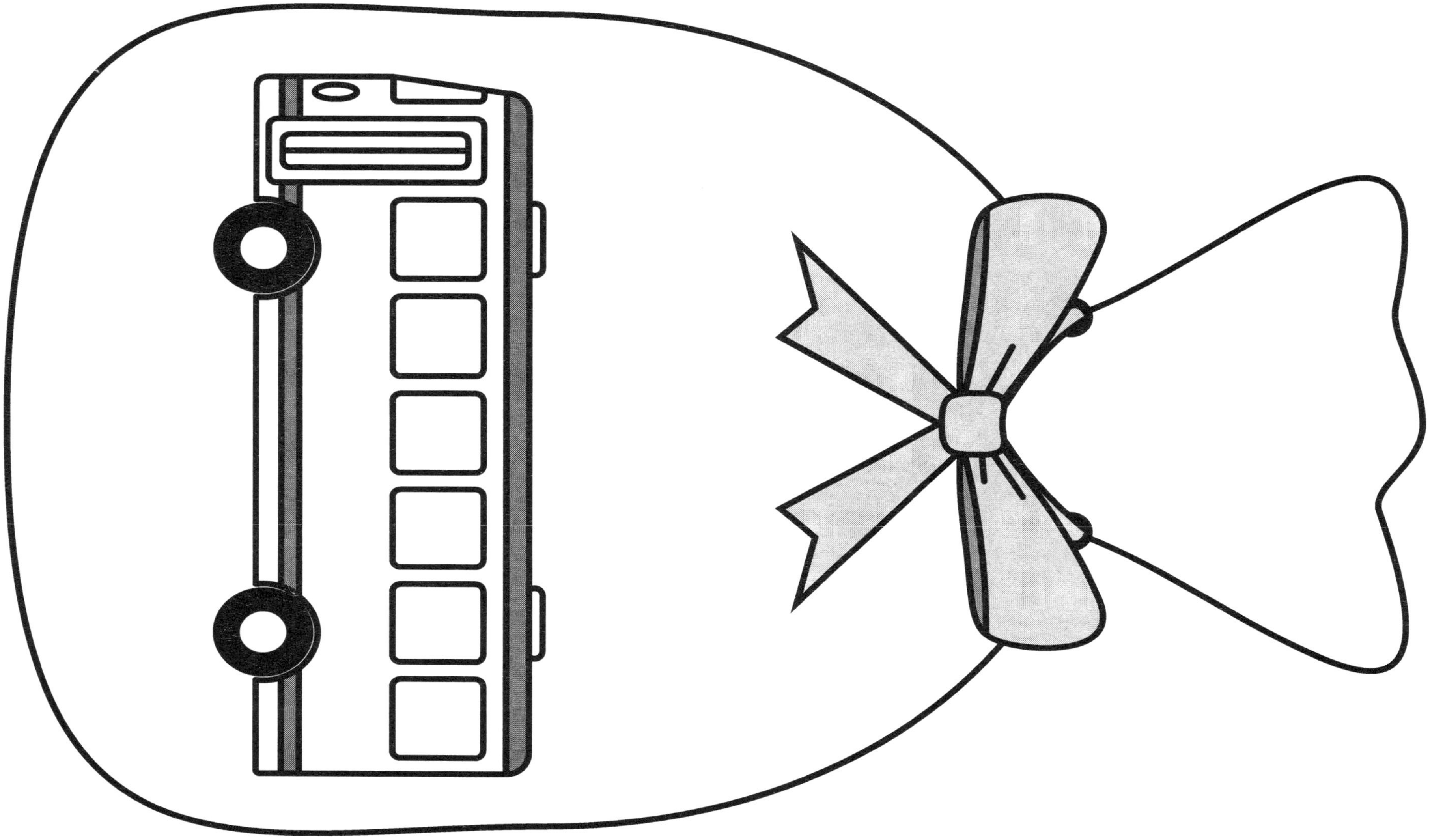

問題３５－２

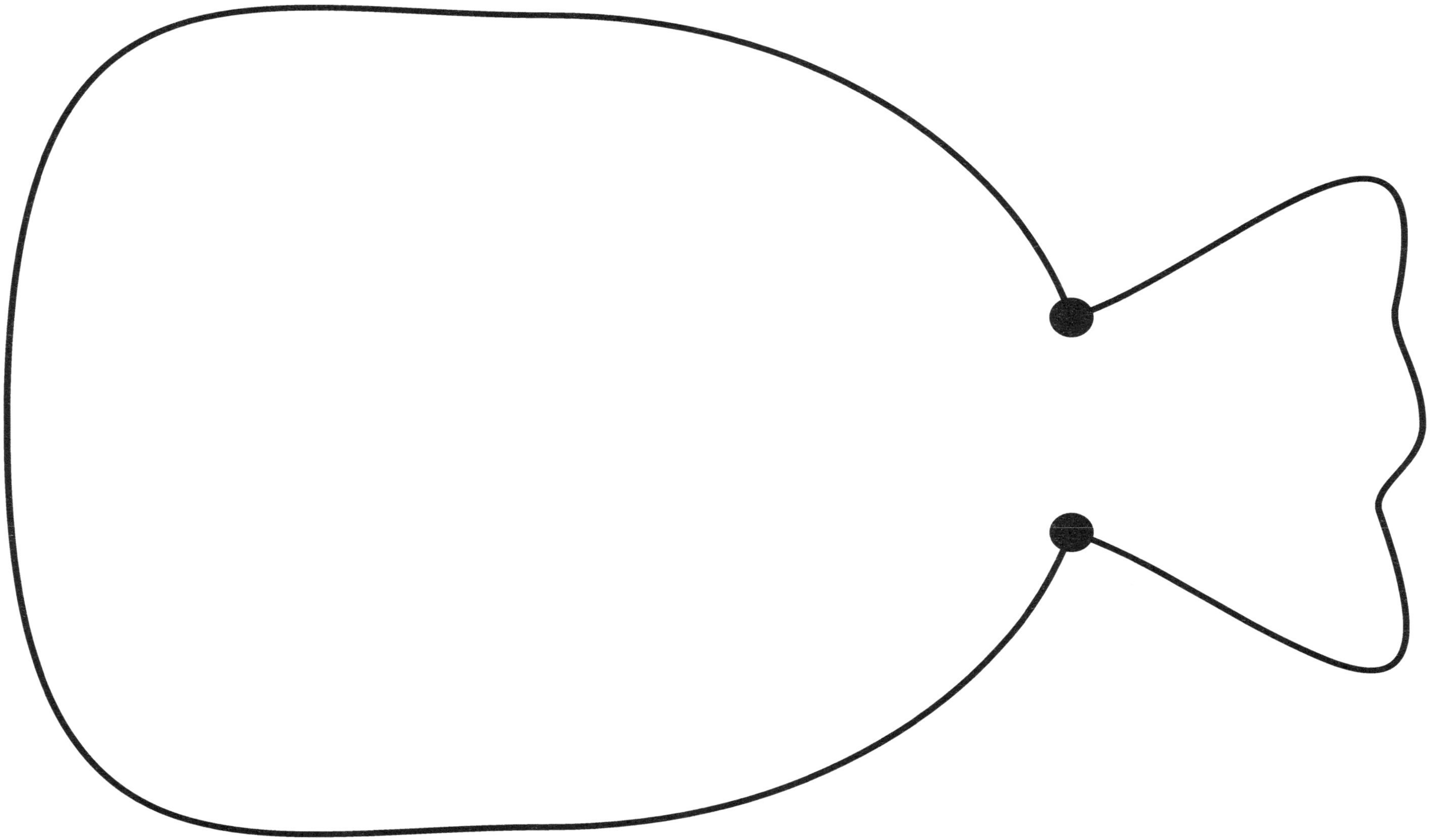

問題３６

問題37

①

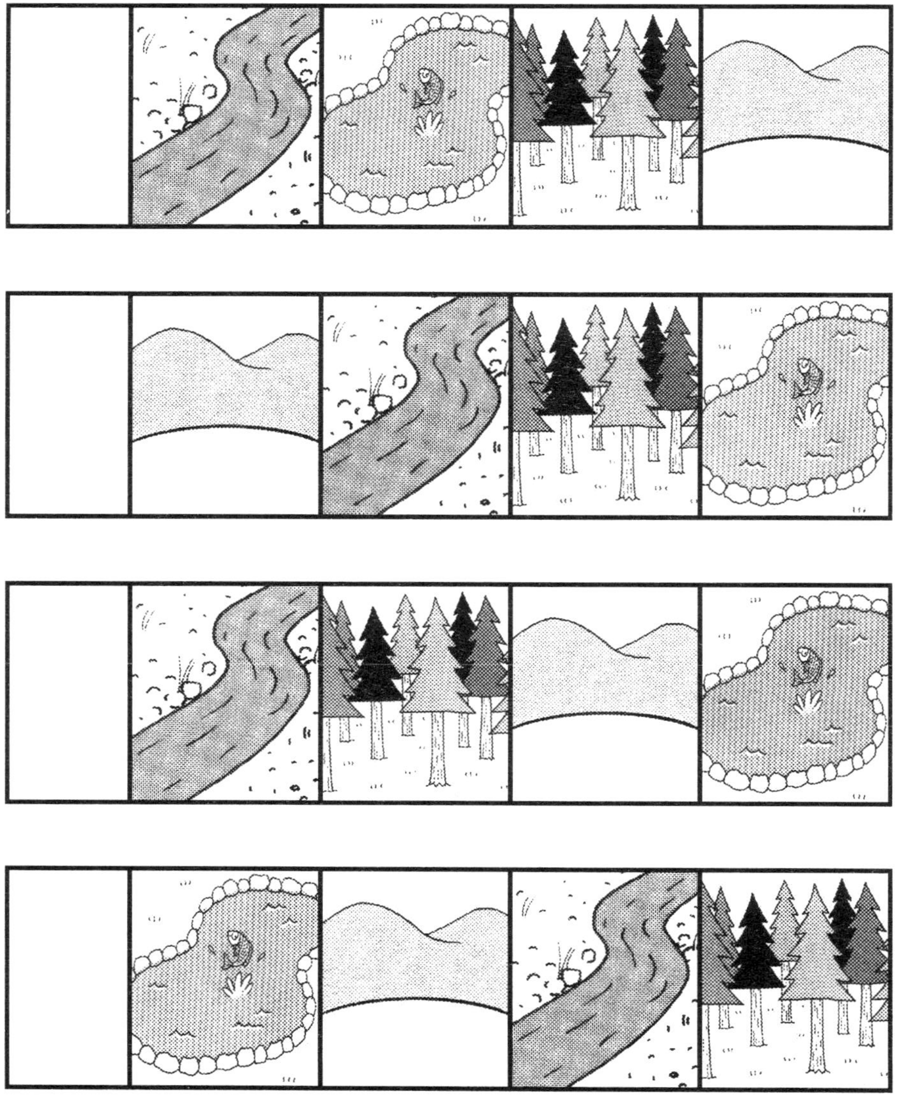

②

日本学習図書株式会社

☆宝仙学園小学校

問題３８

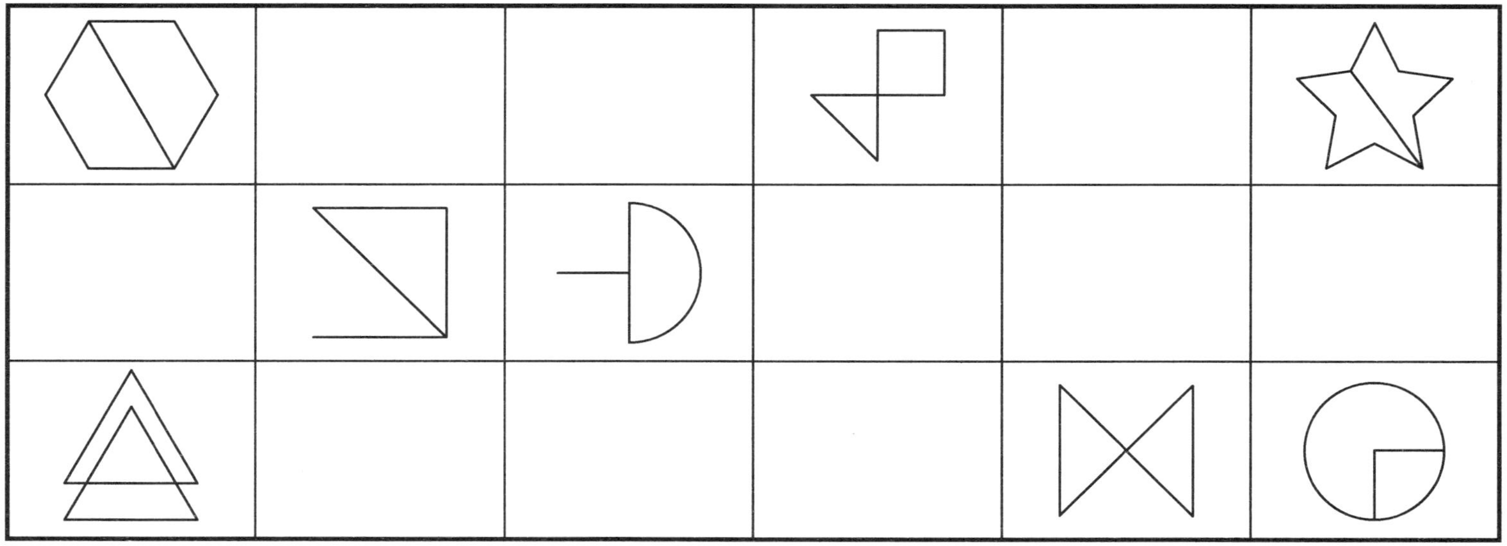

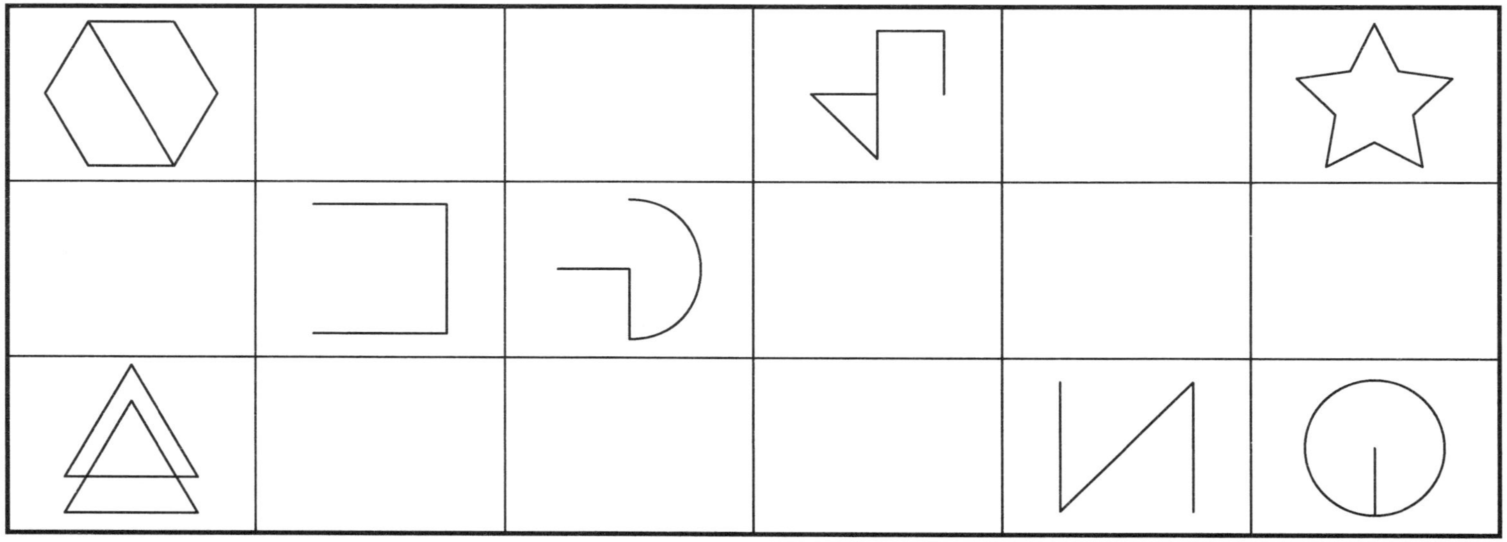

☆宝仙学園小学校

問題３９

	×			○	
		△			
○					×

☆宝仙学園小学校

問題40

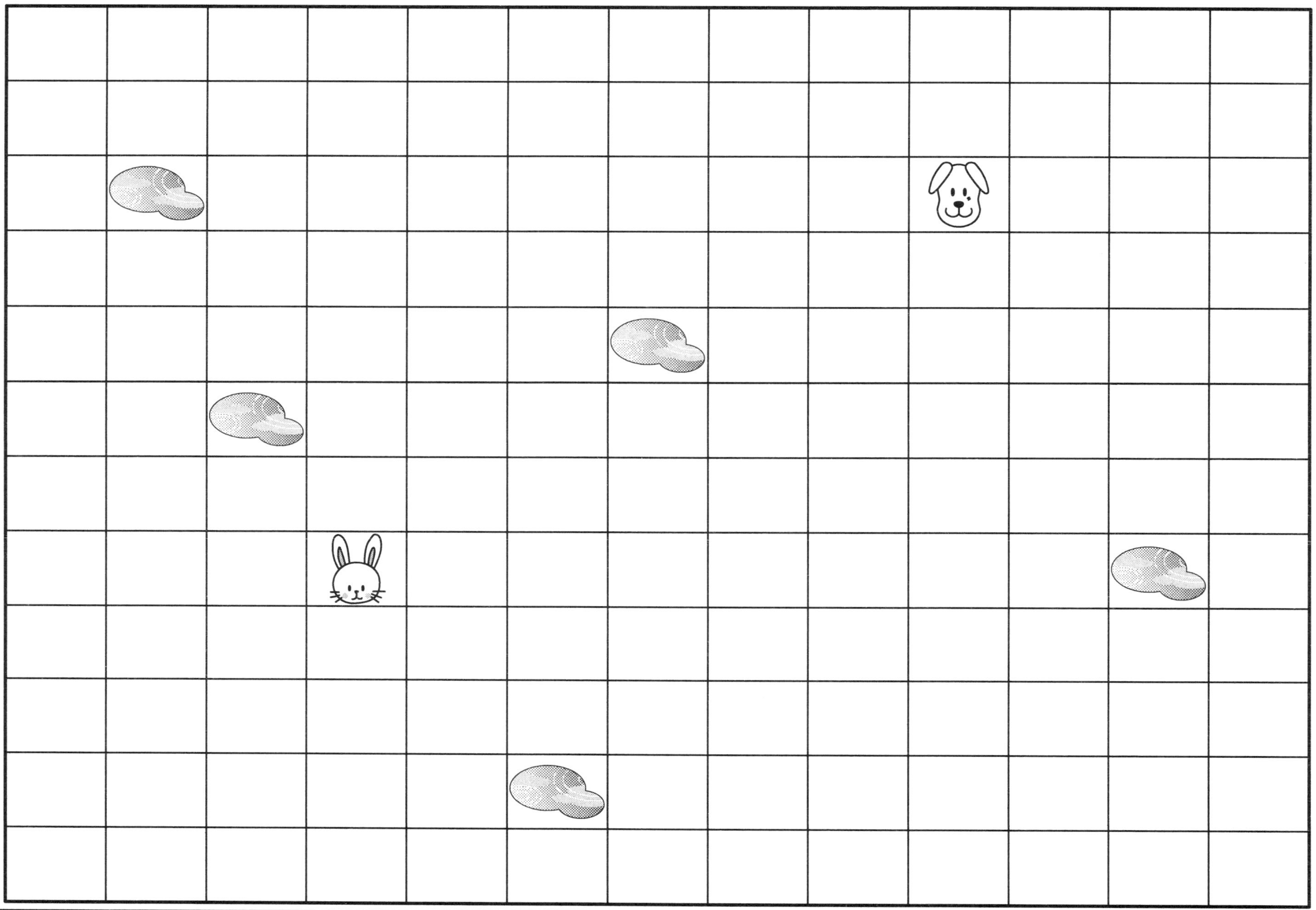

2024年度　淑徳・宝仙　宝仙　過去　無断複製／転載を禁ずる　　日本学習図書株式会社

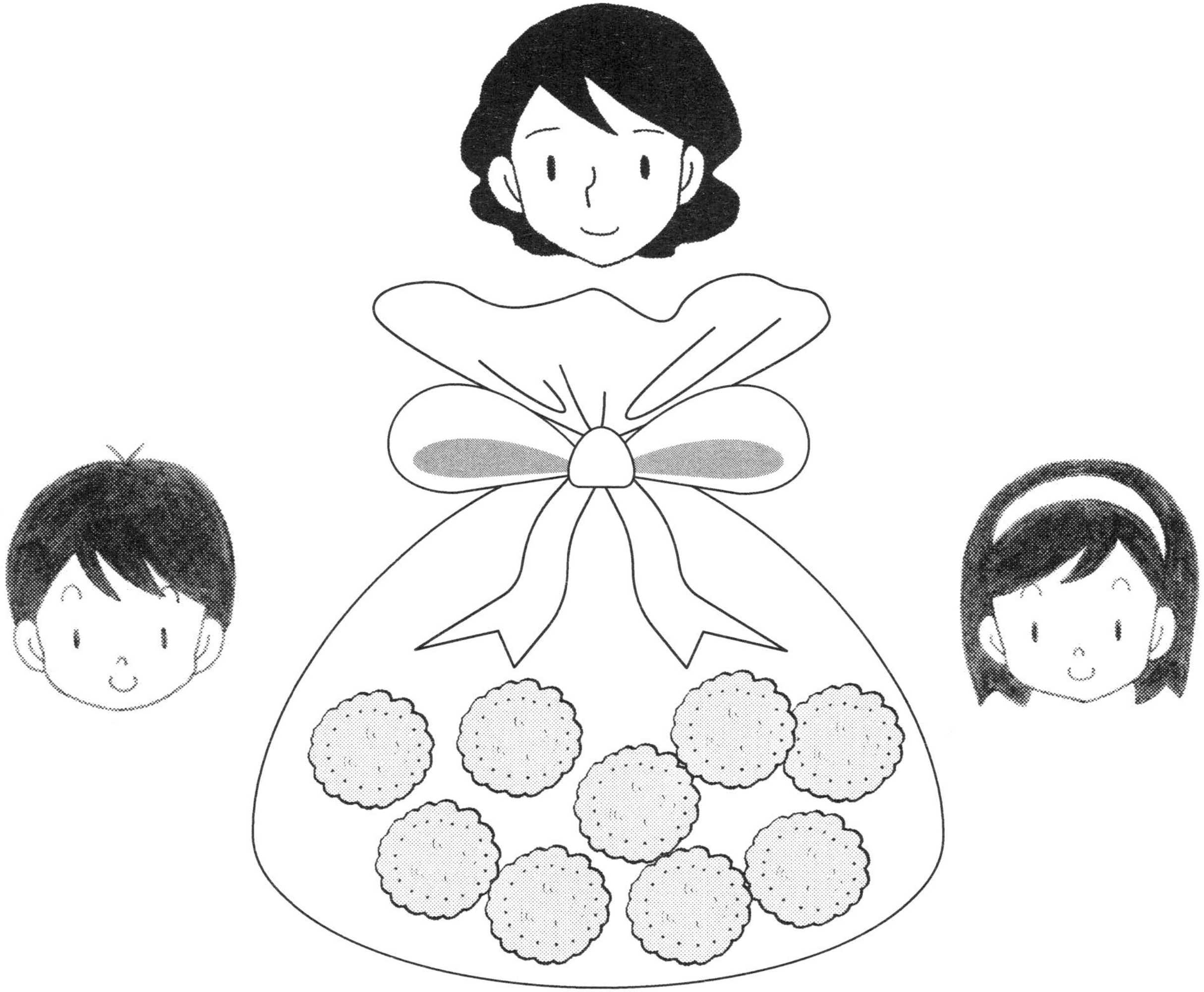

問題４２

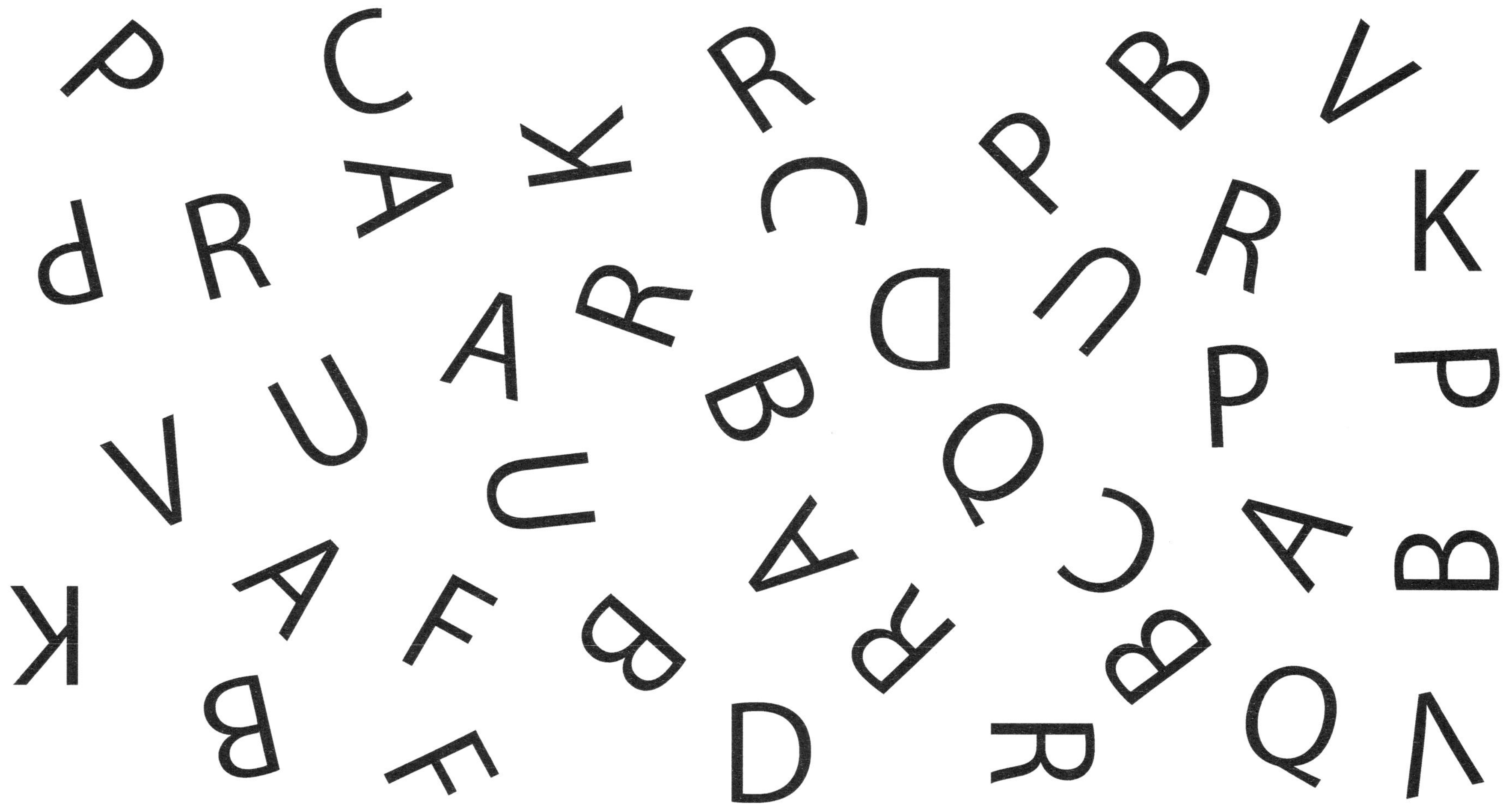

A

R

日本学習図書株式会社

問題43

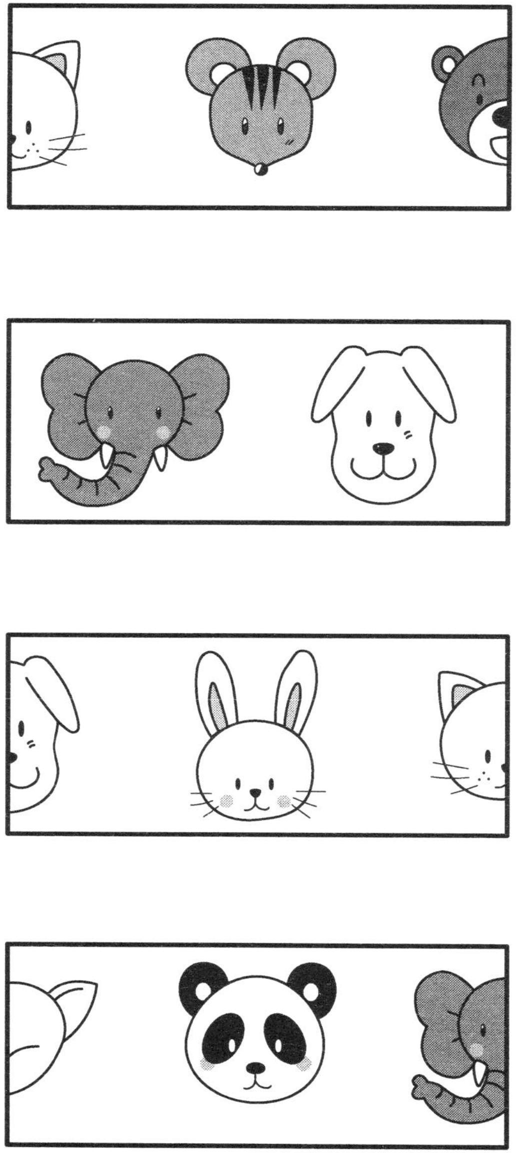

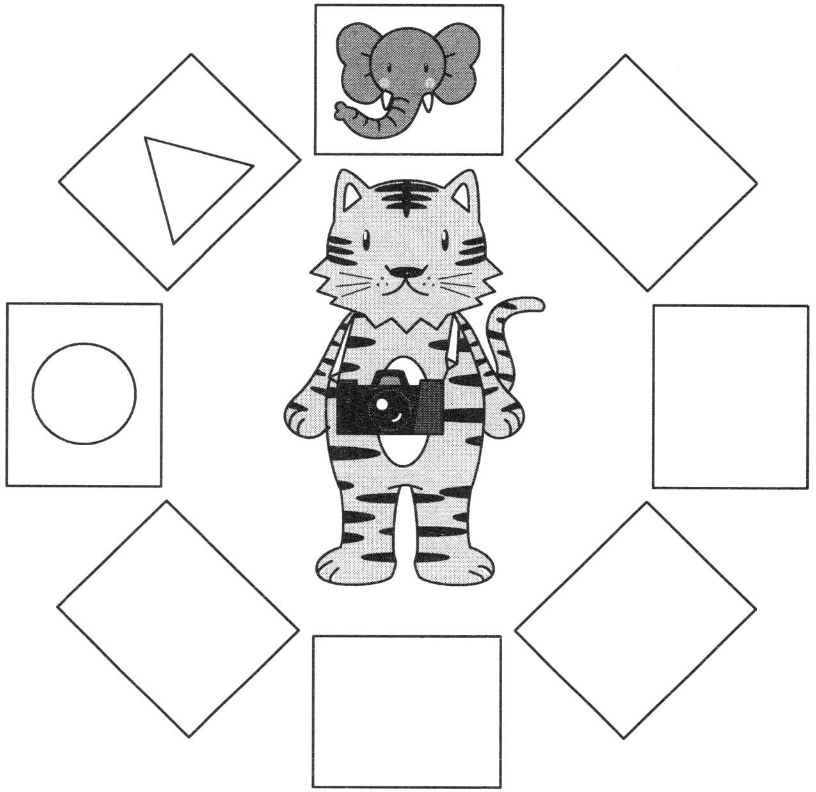

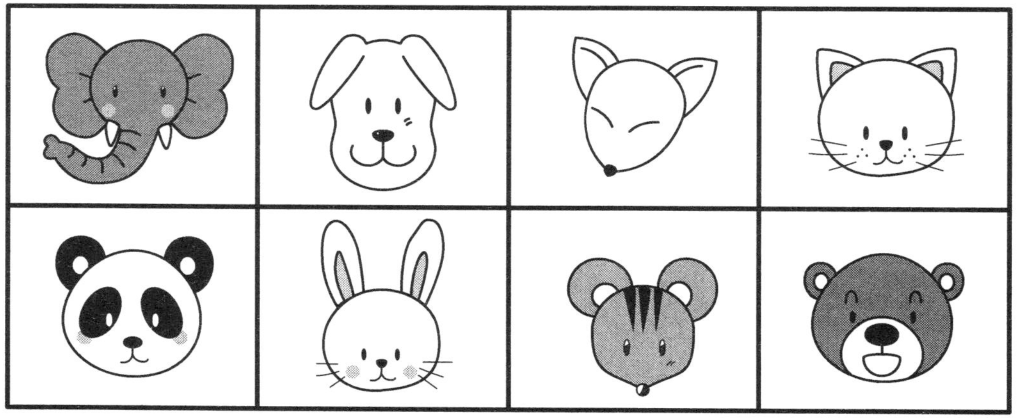

☆宝仙学園小学校

2024 年度 淑徳・宝仙 過去 宝仙 無断複製／転載を禁ずる 日本学習図書株式会社

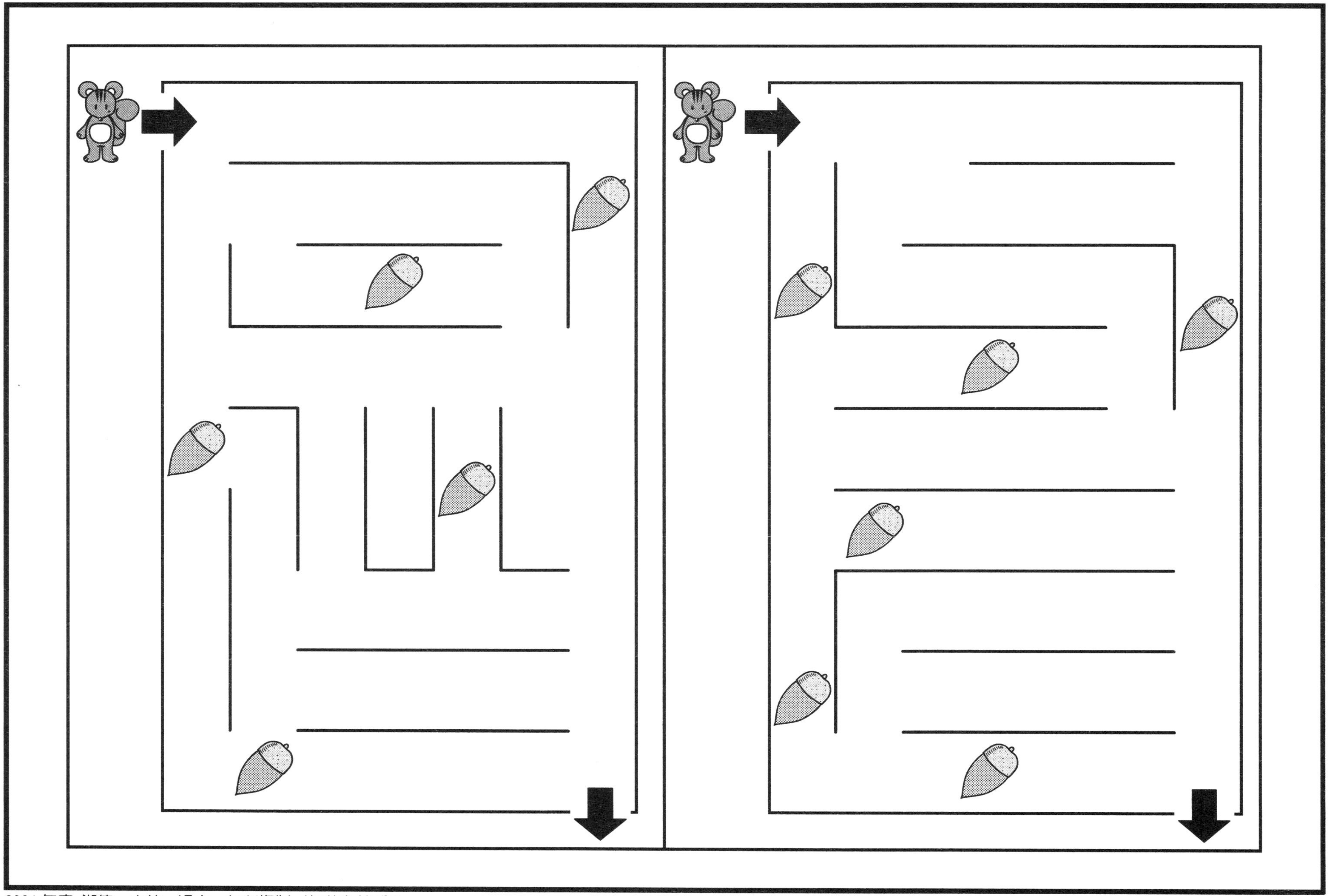

問題４５

① うらしまたろうの　おはなしに　でてこないものに　ばつを　つけましょう。

かめ	おとひめさま	うちでのこづち	こども	たまてばこ

② なかよしでは　ないものに　ばつを　つけましょう。

へび	かまきり	ぺんぎん	くじら	にわとり	かめ

③ しりとりを　します。　こいいろで　ぬられたしかくに　はいるものに　さんかくを、うすくぬられた　しかくに　はいるものに　まるを　つけましょう。

りす → ■ → □ → からす → ▨ → □ → きつね

すすき	めだか	かもめ	きつつき
かば	めがね	すずめ	すいか

④ しょくじの　あとの　ごあいさつに　まるを　つけましょう。

ありがとう	さようなら	おやすみなさい	ただいま	ごちそうさま

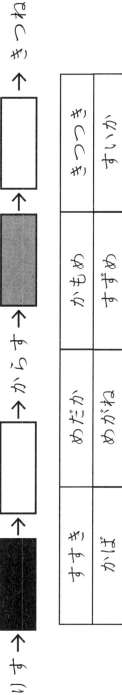

問題４６

①

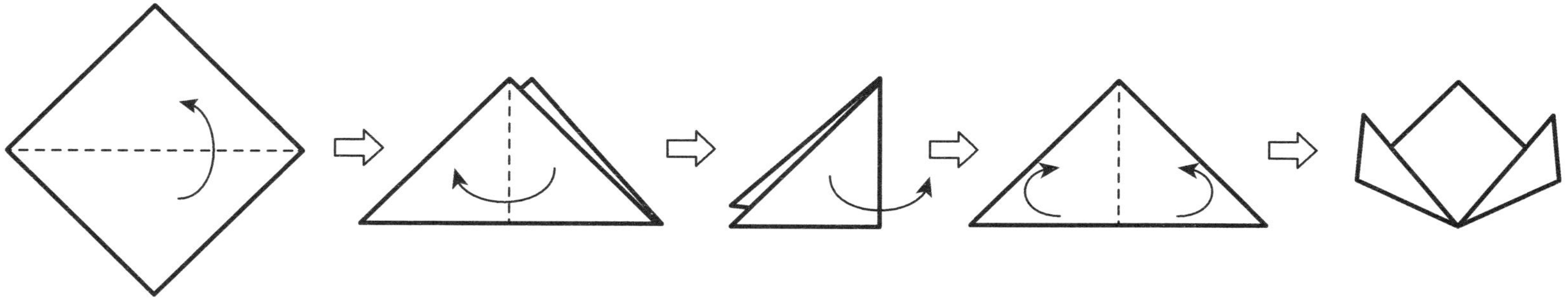

②

③

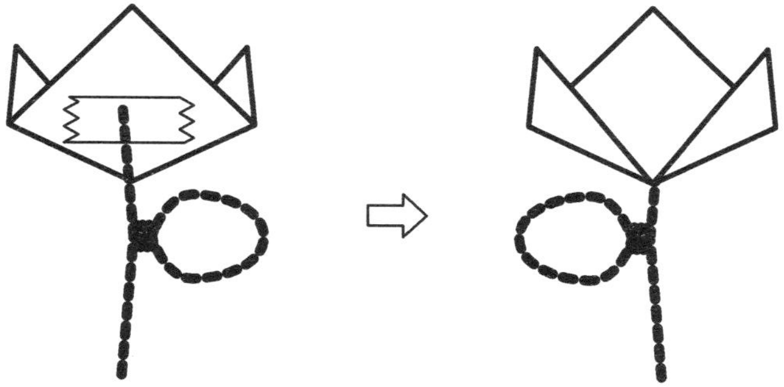

淑徳小学校　専用注文書

年　　月　　日

合格のための問題集ベスト・セレクション

＊入試頻出分野ベスト３

1st　数量
集中力　観察力　正確さ

2nd　記憶
観察力　聞く力

3rd　常識
知　識　聞く力

ペーパーテストでは、各分野から基本的な問題が多く出題されています。時間にも余裕がありますので、見直しを大切にして確実性を重視した練習を心がけてください。

分野	書　名	価格(税込)	注文	分野	書　名	価格(税込)	注文
図形	Ｊｒ・ウォッチャー１「点・線図形」	1,650円	冊	数量	Ｊｒ・ウォッチャー38「たし算・ひき算１」	1,650円	冊
図形	Ｊｒ・ウォッチャー９「合成」	1,650円	冊	数量	Ｊｒ・ウォッチャー39「たし算・ひき算２」	1,650円	冊
常識	Ｊｒ・ウォッチャー11「いろいろな仲間」	1,650円	冊	数量	Ｊｒ・ウォッチャー43「数のやりとり」	1,650円	冊
常識	Ｊｒ・ウォッチャー12「日常生活」	1,650円	冊	図形	Ｊｒ・ウォッチャー46「回転図形」	1,650円	冊
数量	Ｊｒ・ウォッチャー14「数える」	1,650円	冊	推理	Ｊｒ・ウォッチャー47「座標の移動」	1,650円	冊
数量	Ｊｒ・ウォッチャー15「比較」	1,650円	冊	図形	Ｊｒ・ウォッチャー53「四方からの観察　積み木編」	1,650円	冊
数量	Ｊｒ・ウォッチャー16「積み木」	1,650円	冊	図形	Ｊｒ・ウォッチャー54「図形の構成」	1,650円	冊
言語	Ｊｒ・ウォッチャー18「いろいろな言葉」	1,650円	冊	理科	Ｊｒ・ウォッチャー55「理科②」	1,650円	冊
記憶	Ｊｒ・ウォッチャー20「見る記憶・聴く記憶」	1,650円	冊	常識	Ｊｒ・ウォッチャー56「マナーとルール」	1,650円	冊
常識	Ｊｒ・ウォッチャー27「理科」	1,650円	冊	推理	Ｊｒ・ウォッチャー58「比較②」	1,650円	冊
推理	Ｊｒ・ウォッチャー31「推理思考」	1,650円	冊		面接テスト問題集	2,200円	冊
推理	Ｊｒ・ウォッチャー33「シーソー」	1,650円	冊		入試面接最強マニュアル	2,200円	冊
常識	Ｊｒ・ウォッチャー34「季節」	1,650円	冊		１話５分の読み聞かせお話集①②	1,980円	各　冊

合計	冊	円

（フリガナ） 氏　名	電　話 ＦＡＸ E-mail
住所　〒　　　－	以前にご注文されたことはございますか。 有　・　無

★お近くの書店、または記載の電話・FAX・ホームページにてご注文をお受けしております。
電話：03-5261-8951　FAX：03-5261-8953　代金は書籍合計金額＋送料がかかります。
※なお、落丁・乱丁以外の理由による商品の返品・交換には応じかねます。

★ご記入頂いた個人に関する情報は、当社にて厳重に管理致します。なお、ご購入の商品発送の他に、当社発行の書籍案内、書籍に関する調査に使用させて頂く場合がございますので、予めご了承ください。

日本学習図書株式会社
http://www.nichigaku.jp

宝仙学園小学校　専用注文書

年　月　日

合格のための問題集ベスト・セレクション

＊入試頻出分野ベスト３

1st　数量

集中力　観察力　正確さ

2nd　推理

集中力　聞く力　思考力

3rd　記憶

観察力　聞く力

見た目よりも難しい問題、短い回答時間、当校独自形式の問題が特徴です。「観察力」「聞く力」「思考力」を伸ばす学習と、過去問を利用した類題の反復練習が必要です。

分野	書　名	価格(税込)	注文
図形	Ｊｒ・ウォッチャー２「座標」	1,650円	冊
図形	Ｊｒ・ウォッチャー７「迷路」	1,650円	冊
図形	Ｊｒ・ウォッチャー10「四方からの観察」	1,650円	冊
数量	Ｊｒ・ウォッチャー14「数える」	1,650円	冊
数量	Ｊｒ・ウォッチャー16「積み木」	1,650円	冊
記憶	Ｊｒ・ウォッチャー19「お話の記憶」	1,650円	冊
記憶	Ｊｒ・ウォッチャー20「見る記憶・聴く記憶」	1,650円	冊
知識	Ｊｒ・ウォッチャー26「文字・数字」	1,650円	冊
推理	Ｊｒ・ウォッチャー31「推理思考」	1,650円	冊
推理	Ｊｒ・ウォッチャー33「シーソー」	1,650円	冊
数量	Ｊｒ・ウォッチャー39「たし算・ひき算２」	1,650円	冊
図形	Ｊｒ・ウォッチャー47「座標の移動」	1,650円	冊
巧緻性	Ｊｒ・ウォッチャー51「運筆①」	1,650円	冊

分野	書　名	価格(税込)	注文
巧緻性	Ｊｒ・ウォッチャー52「運筆②」	1,650円	冊
巧緻性	Ｊｒ・ウォッチャー51「運筆①」	1,650円	冊
図形	Ｊｒ・ウォッチャー53「四方からの観察　積み木編」	1,650円	冊
推理	Ｊｒ・ウォッチャー57「置き換え」	1,650円	冊
推理	Ｊｒ・ウォッチャー59「欠所補完」	1,650円	冊
	ウォッチャーズアレンジ①②③④	2,200円	各　冊
	面接テスト問題集	2,200円	冊
	入試面接最強マニュアル	2,200円	冊
	１話５分の読み聞かせお話集①②	1,980円	各　冊

合計	冊	円

(フリガナ) 氏　名	電　話 ＦＡＸ E-mail
住所　〒　　－	以前にご注文されたことはございますか。 有　・　無

★お近くの書店、または記載の電話・FAX・ホームページにてご注文をお受けしております。
電話：03-5261-8951　FAX：03-5261-8953　代金は書籍合計金額＋送料がかかります。
※なお、落丁・乱丁以外の理由による商品の返品・交換には応じかねます。

★ご記入頂いた個人に関する情報は、当社にて厳重に管理致します。なお、ご購入の商品発送の他に、当社発行の書籍案内、書籍に関する調査に使用させて頂く場合がございますので、予めご了承ください。

日本学習図書株式会社
http://www.nichigaku.jp

図書カード1000円分プレゼント

ご記入日　令和　　年　　月　　日

☆国・私立小学校受験アンケート☆

※可能な範囲でご記入下さい。選択肢は○で囲んで下さい。

〈小学校名〉＿＿＿＿＿＿＿＿＿＿　〈お子さまの性別〉男・女　〈誕生月〉＿＿月

〈その他の受験校〉（複数回答可）＿＿＿＿＿＿＿＿＿＿

〈受験日〉①：＿月＿日〈時間〉＿時＿分～＿時＿分

②：＿月＿日〈時間〉＿時＿分～＿時＿分

〈受験者数〉男女計＿＿名（男子＿＿名　女子＿＿名）

〈お子さまの服装〉＿＿＿＿＿＿＿＿＿＿

〈入試全体の流れ〉（記入例）準備体操→行動観察→ペーパーテスト

＿＿＿＿＿＿＿＿＿＿

Ｅメールによる情報提供

日本学習図書では、Ｅメールでも入試情報を募集しております。

下記のアドレスに、アンケートの内容をご入力の上、メールをお送り下さい。

ojuken@nichigaku.jp

●行動観察　（例）好きなおもちゃで遊ぶ・グループで協力するゲームなど

〈実施日〉＿月＿日〈時間〉＿時＿分～＿時＿分　〈着替え〉□有　□無

〈出題方法〉□肉声　□録音　□その他（　　　　）　〈お手本〉□有　□無

〈試験形態〉□個別　□集団（　　人程度）　〈会場図〉

〈内容〉

□自由遊び

＿＿＿＿＿＿＿＿＿＿

□グループ活動

＿＿＿＿＿＿＿＿＿＿

□その他

＿＿＿＿＿＿＿＿＿＿

●運動テスト（有・無）　（例）跳び箱・チームでの競争など

〈実施日〉＿月＿日〈時間〉＿時＿分～＿時＿分　〈着替え〉□有　□無

〈出題方法〉□肉声　□録音　□その他（　　　　）　〈お手本〉□有　□無

〈試験形態〉□個別　□集団（　　人程度）　〈会場図〉

〈内容〉

□サーキット運動

□走り　□跳び箱　□平均台　□ゴム跳び

□マット運動　□ボール運動　□なわ跳び

□クマ歩き

□グループ活動＿＿＿＿＿＿＿＿＿＿

□その他＿＿＿＿＿＿＿＿＿＿

●知能テスト・口頭試問

〈実施日〉 ＿＿月＿＿日 **〈時間〉** ＿＿時＿＿分 〜 ＿＿時＿＿分 **〈お手本〉** □有 □無

〈出題方法〉 □肉声 □録音 □その他（　　　　　　） **〈問題数〉** ＿＿枚 ＿＿問

分野	方法	内　容	詳　細・イ　ラ　ス　ト
（例） お話の記憶	☑筆記 □口頭	動物たちが待ち合わせをする話	（あらすじ） 動物たちが待ち合わせをした。最初にウサギさんが来た。次にイヌくんが、その次にネコさんが来た。最後にタヌキくんが来た。 （問題・イラスト）  ３番目に来た動物は誰か
お話の記憶	□筆記 □口頭		（あらすじ） （問題・イラスト）
図形	□筆記 □口頭		
言語	□筆記 □口頭		
常識	□筆記 □口頭		
数量	□筆記 □口頭		
推理	□筆記 □口頭		
その他	□筆記 □口頭		

●制作　(例) ぬり絵・お絵かき・工作遊びなど

〈実施日〉＿＿月＿＿日　**〈時間〉**＿＿時＿＿分　～　＿＿時＿＿分

〈出題方法〉　□肉声　□録音　□その他（　　　　　　）　**〈お手本〉**□有　□無

〈試験形態〉　□個別　□集団（　　　　人程度）

材料・道具	制作内容
□ハサミ	□切る　□貼る　□塗る　□ちぎる　□結ぶ　□描く　□その他（　　　　　　　）
□のり（□つぼ　□液体　□スティック）	タイトル：＿＿＿＿＿＿＿＿＿＿＿＿
□セロハンテープ	
□鉛筆　□クレヨン（　色）	
□クーピーペン（　色）	
□サインペン（　色）□	
□画用紙（□ A4　□ B4　□ A3 □その他：　　　　　　）	
□折り紙　□新聞紙　□粘土	
□その他（　　　　　　）	

●面接

〈実施日〉＿＿月＿＿日　**〈時間〉**＿＿時＿＿分　～　＿＿時＿＿分　**〈面接担当者〉**＿＿＿名

〈試験形態〉□志願者のみ（　　）名　□保護者のみ　□親子同時　□親子別々

〈質問内容〉

□志望動機　□お子さまの様子

□家庭の教育方針

□志望校についての知識・理解

□その他（　　　　　　　　　　　　）

（　詳　細　）

・

・

・

・

※試験会場の様子をご記入下さい。

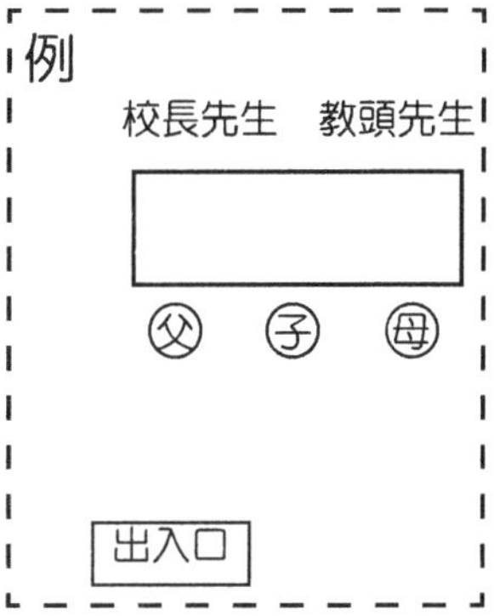

●保護者作文・アンケートの提出（有・無）

〈提出日〉　□面接直前　□出願時　□志願者考査中　□その他（　　　　　　　　　）

〈下書き〉　□有　□無

〈アンケート内容〉

（記入例）当校を志望した理由はなんですか（150 字）

●説明会（□有　□無）〈開催日〉＿＿月＿＿日〈時間〉＿＿時＿＿分　～　＿＿時＿＿分

〈上履き〉　□要　□不要　〈願書配布〉　□有　□無　〈校舎見学〉　□有　□無

〈ご感想〉

●参加された学校行事（複数回答可）

公開授業〈開催日〉＿＿月＿＿日〈時間〉＿＿時＿＿分　～　＿＿時＿＿分

運動会など〈開催日〉＿＿月＿＿日〈時間〉＿＿時＿＿分　～　＿＿時＿＿分

学習発表会・音楽会など〈開催日〉＿＿月＿＿日〈時間〉＿＿時＿＿分　～　＿＿時＿＿分

〈ご感想〉

※是非参加したほうがよいと感じた行事について

●受験を終えてのご感想、今後受験される方へのアドバイス

※対策学習（重点的に学習しておいた方がよい分野）、当日準備しておいたほうがよい物など

＊＊＊＊＊＊＊＊＊＊＊＊　ご記入ありがとうございました　＊＊＊＊＊＊＊＊＊＊＊＊

必要事項をご記入の上、ポストにご投函ください。

なお、本アンケートの送付期限は入試終了後３ヶ月とさせていただきます。また、入試に関する情報の記入量が当社の基準に満たない場合、謝礼の送付ができないことがございます。あらかじめご了承ください。

ご住所：〒＿＿＿＿＿＿＿＿＿＿＿＿＿＿＿＿＿＿＿＿

お名前：＿＿＿＿＿＿＿＿＿＿　メール：＿＿＿＿＿＿＿＿＿＿

ＴＥＬ：＿＿＿＿＿＿＿＿＿＿　ＦＡＸ：＿＿＿＿＿＿＿＿＿＿

分野別 小学入試練習帳 ジュニアウォッチャー

1．点・線図形	小学校入試で出題頻度の高い『点・線図形』の模写を、難易度の低いものから段階別に幅広く練習することができるように構成。
2．座標	図形の位置模写という作業を、難易度の低いものから段階別に練習できるように構成。
3．パズル	様々なパズルの問題を難易度の低いものから段階別に練習できるように構成。
4．同図形探し	小学校入試で出題頻度の高い、同図形選びの問題を繰り返し練習できるように構成。
5．回転・展開	図形などを回転、または展開したとき、形がどのように変化するかを学習し、理解を深められるように構成。
6．系列	数、図形などの様々な系列問題を、難易度の低いものから段階別に練習できるように構成。
7．迷路	迷路の問題を繰り返し練習できるように構成。
8．対称	対称に関する問題を４つのテーマに分類し、各テーマごとに問題を段階別に練習できるように構成。
9．合成	図形の合成に関する問題を、難易度の低いものから段階別に練習できるように構成。
10．四方からの観察	もの（立体）を様々な角度から見て、どのように見えるかを推理する問題を段階別に整理し、１つの形式で複数の問題を練習できるように構成。
11．いろいろな仲間	ものや動物、植物の共通点を見つけ、分類していく問題を中心に構成。
12．日常生活	日常生活における様々な問題を６つのテーマに分類し、各テーマごとに一つの問題形式で複数の問題を練習できるように構成。
13．時間の流れ	『時間』に着目し、様々なものごとは、時間が経過するとどのように変化するのかということを学習し、理解できるように構成。
14．数える	様々なものを『数える』ことから、数の多少の判定やかけ算、わり算の基礎までを練習できるように構成。
15．比較	比較に関する問題を５つのテーマ（数、高さ、長さ、量、重さ）に分類し、各テーマごとに問題を段階別に練習できるように構成。
16．積み木	数える対象を積み木に限定した問題集。
17．言葉の音遊び	言葉の音に関する問題を５つのテーマに分類し、各テーマごとに問題を段階別に練習できるように構成。
18．いろいろな言葉	表現力をより豊かにするいろいろな言葉として、擬態語や擬声語、同音異義語、反意語、数詞を取り上げた問題集。
19．お話の記憶	お話を聴いてその内容を記憶、理解し、設問に答える形式の問題集。
20．見る記憶・聴く記憶	「見て憶える」「聴いて憶える」という『記憶』分野に特化した問題集。
21．お話作り	いくつかの絵を元にしてお話を作る練習をして、想像力を養うことができるように構成。
22．想像画	描かれてある形や景色に好きな絵を描くことにより、想像力を養うことができるように構成。
23．切る・貼る・塗る	小学校入試で出題頻度の高い、はさみやのりなどを用いた巧緻性の問題を繰り返し練習できるように構成。
24．絵画	小学校入試で出題頻度の高い、お絵かきやぬり絵などクレヨンやクーピーペンを用いた巧緻性の問題を繰り返し練習できるように構成。
25．生活巧緻性	小学校入試で出題頻度の高い日常生活の様々な場面における巧緻性の問題集。
26．文字・数字	ひらがなの清音、濁音、拗音、拗長音、促音と１～20までの数字に焦点を絞り、練習できるように構成。
27．理科	小学校入試で出題頻度が高くなりつつある理科の問題を集めた問題集。
28．運動	出題頻度の高い運動問題を種目別に分けて構成。
29．行動観察	項目ごとに問題提起をし、「このような時はどうか、あるいはどう対処するのか」の観点から問いかける形式の問題集。
30．生活習慣	学校から家庭に提起された問題と思って、一問一問絵を見ながら話し合い、考える形式の問題集。

31．推理思考	数、量、言語、常識（含理科、一般）など、諸々のジャンルから問題を構成し、近年の小学校入試問題傾向に沿って構成。
32．ブラックボックス	箱や筒の中を通ると、どのようなお約束でどのように変化するかを推理・思考する問題集。
33．シーソー	重さの違うものをシーソーに乗せた時どちらに傾くのか、またどうすればシーソーは釣り合うのかを思考する基礎的な問題集。
34．季節	様々な行事や植物などを季節別に分類できるように知識をつける問題集。
35．重ね図形	小学校入試で頻繁に出題されている「図形を重ね合わせてできる形」についての問題を集めました。
36．同数発見	様々な物を数え「同じ数」を発見し、数の多少の判断や数の認識の基礎を学べるように構成した問題集。
37．選んで数える	数の学習の基本となる、いろいろなものの数を正しく数える学習を行う問題集。
38．たし算・ひき算１	数字を使わず、たし算とひき算の基礎を身につけるための問題集。
39．たし算・ひき算２	数字を使わず、たし算とひき算の基礎を身につけるための問題集。
40．数を分ける	数を等しく分ける問題です。等しく分けたときに余りが出るものもあります。
41．数の構成	ある数がどのような数で構成されているか学んでいきます。
42．一対多の対応	一対一の対応から、一対多の対応まで、かけ算の考え方の基礎学習を行います。
43．数のやりとり	あげたり、もらったり、数の変化をしっかりと学びます。
44．見えない数	指定された条件から数を導き出します。
45．図形分割	図形の分割に関する問題集。パズルや合成の分野にも通じる様々な問題を集めました。
46．回転図形	「回転図形」に関する問題集。やさしい問題から始め、いくつかの代表的なパターンから、段階を踏んで学習できるよう編集されています。
47．座標の移動	「マス目の指示通りに移動する問題」と「指示された数だけ移動する問題」を収録。
48．鏡図形	鏡で左右反転させた時の見え方を考えます。平面図形から立体図形、文字、絵まで。
49．しりとり	すべての学習の基礎となる「言葉」を学ぶこと、特に「語彙」を増やすことに重点をおき、さまざまなタイプの「しりとり」問題を集めました。
50．観覧車	観覧車やメリーゴーラウンドなどを舞台にした「回転系列」の問題集。「推理思考」分野の問題ですが、要素として「図形」や「数量」も含みます。
51．運筆①	鉛筆の持ち方を学び、点線なぞり、お手本を見ながらの模写で、線を引く練習をします。
52．運筆②	運筆①からさらに発展し、「欠所補完」や「迷路」などを楽しみながら、より複雑な鉛筆運びを習得することを目指します。
53．四方からの観察 積み木編	積み木を使用した「四方からの観察」に関する問題を練習できるように構成。
54．図形の構成	見本の図形がどのような部分によって形づくられているかを考えます。
55．理科②	理科的知識に関する問題を集中して練習する「常識」分野の問題集。
56．マナーとルール	道路や駅、公共の場でのマナー、安全や衛生に関する常識を学べるように構成。
57．置き換え	さまざまな具体的・抽象的事象を記号で表す「置き換え」の問題を扱います。
58．比較②	長さ・高さ・体積・数などを数学的な知識を使わず、論理的に推測する「比較」の問題を練習できるように構成。
59．欠所補完	線と線のつながり、欠けた絵に当てはまるものなどを求める「欠所補完」に取り組める問題集です。
60．言葉の音（おん）	しりとり、決まった順番の音をつなげるなど、「言葉の音」に関する問題に取り組める練習問題集です。

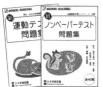

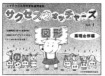

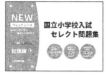

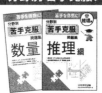

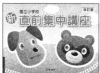

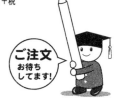

家庭学習をトータルサポート！ ニチガクのオリジナル 効果的 学習法

1 まずは アドバイスページを読む！

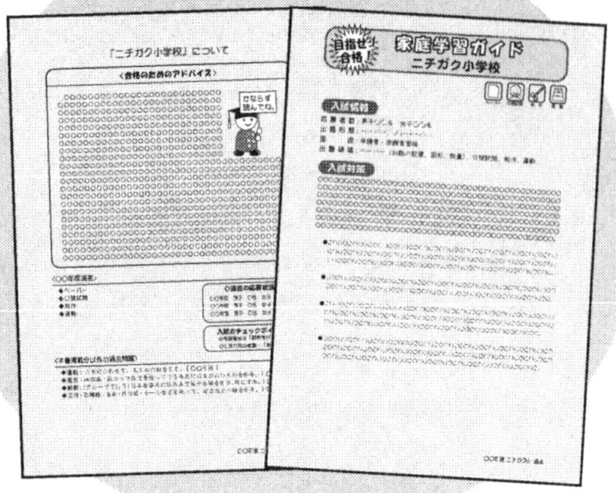

ピンク色です

対策や試験ポイントがぎっしりつまった「家庭学習ガイド」。しっかり読んで、試験の傾向をおさえよう！

2 問題をすべて読み、出題傾向を把握する

3 「学習のポイント」で学校側の観点や問題の解説を熟読

4 はじめて過去問題にチャレンジ！

5 プラスα 対策問題集や類題で力を付ける

過去問のこだわり

最新問題は問題ページ、イラストページ、解答・解説ページが独立しており、お子さまにすぐに取り掛かっていただける作りになっています。
ニチガクの学校別問題集ならではの、学習法を含めたアドバイスを利用して効率のよい家庭学習を進めてください。

各問題のジャンル

問題7 分野：図形（図形の構成） Aグループ男子

〈解答〉 下図参照

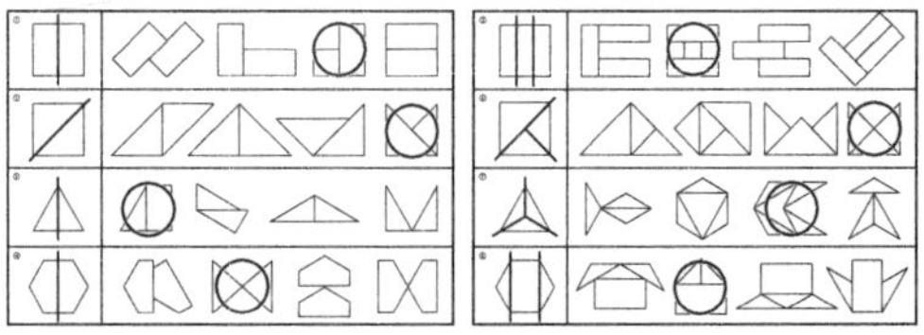

図形の構成の問題です。解答時間が圧倒的に短いので、直感的に答えないと全問答えることはできないでしょう。例年ほど難しい問題ではないので、ある程度準備をしたお子さまなら可能のはずです。注意すべきなのはケアレスミスで、「できないものはどれですか」と聞かれているのに、できるものに○をしたりしてはおしまいです。こういった問題では基礎とも言える問題なので、もしわからなかった場合は基礎問題を分野別の問題集などでおさらいしておきましょう。

【おすすめ問題集】
★ニチガク小学校図形攻略問題集①②★（書店では販売しておりません）
Jr・ウォッチャー9「合成」、54「図形の構成」

学習のポイント

各問題の解説や学校の観点、指導のポイントなどを教えます。
今日から保護者の方が家庭学習の先生に！

おすすめ対策問題集

分野ごとに対策問題集をご紹介。苦手分野の克服に最適です！
＊専用注文書付き。

2023年度版
淑徳小学校 宝仙学園小学校 過去問題集

発行日	2023年6月23日
発行所	〒162-0821 東京都新宿区津久戸町3-11-9F 日本学習図書株式会社
電 話	03-5261-8951 ㈹

ISBN978-4-7761-5490-7
C6037 ¥2000E
9784776154907
定価2,200円
（本体2,000円＋税10%）
1926037020004

首都圏版⑰　最新入試に対応！家庭学習に最適の問題集!!

淑徳小学校
宝仙学園小学校

2024年度版 過去問題集

合格までのステップ

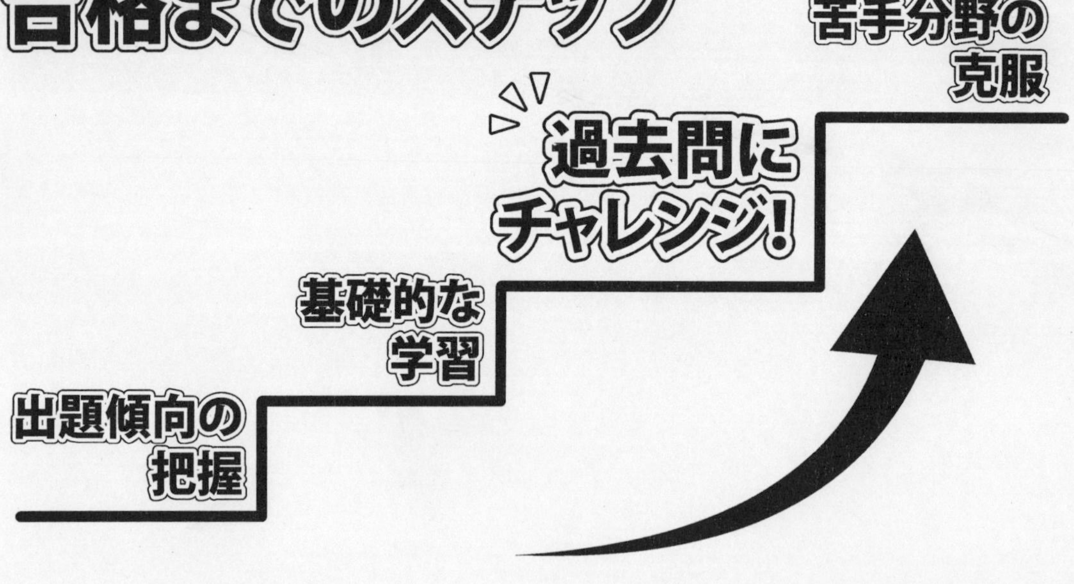

2022～2023年度
過去問題を掲載

日本学習図書（ニチガク）